U0866709

汉 语 知 识 丛 书

中文信息处理与汉语研究

冯志伟

商务印书馆
创于1897 The Commercial Press

图书在版编目（CIP）数据

中文信息处理与汉语研究 / 冯志伟著. -- 北京：商务印书馆，1992.12（2024.7 重印）. --（汉语知识丛书）. -- ISBN 978-7-100-00440-4

Ⅰ. H1

中国国家版本馆 CIP 数据核字第 2024MS2635 号

汉语知识丛书

ZHŌNGWÉN XÌNXĪ CHǓLǏ YǓ HÀNYǓ YÁNJIŪ

中文信息处理与汉语研究

冯志伟 著

商务印书馆出版

（北京王府井大街36号 邮政编码100710）

商务印书馆发行

北京虎彩文化传播有限公司印刷

ISBN 978-7-100-00440-4

1992年12月第1版 开本 787×1092 1/32

2024年7月北京第2次印刷 印张 6⅞

定价：42.00元

前　言

当代科技革命的主要特征，是以电子计算机为支持手段进行信息处理。语言是人类最重要的交际工具，是信息最主要的负荷者，语言文字的信息处理，是当代科技革命的一个重要内容。在这无比壮阔的科技革命的浩浩洪流中，仅有不到40年历史的电子计算机，正在冲击着已有4000多年文明历史的古老语言——中文。

在我国，将电子计算机应用于事务处理、计划调度、办公室自动化、印刷排版、情报检索、机器翻译、人机对话等方面，都离不开中文，因为所有这些方面的信息，都是以中文作为其载体的。

中文特指汉族的语言文字，也就是汉语的书面形式和口语形式。中文的书写形式是汉字，而且中文在语音、词汇、语法等方面，又有它独自的特点，这样，当用电子计算机来处理由中文记载的各种信息的时候，就自然会提出许多新的问题，对这些问题的研究，就形成了一门新兴的综合性技术学科——中文信息处理（Chinese information processing）。

可见，所谓“中文信息处理”，就是利用电子计算机对汉语的书面形式和口头形式进行信息处理。

对于中文信息处理这个术语常有两种误解。一是把它的概念缩小，把中文仅只看作是汉字，使中文信息处理等同于汉字信息处理；另一种是把它的概念扩大，把中文看成是中国各民族的语言文字，从而把各少数民族语言文字的信息处理也纳入中文信息处理的范围之内。

汉字信息处理是中文信息处理的一个关键部分，它主要包括汉字的编码、输入、输出，汉字的识别，汉字的字频统计等，这些都是中文信息处理的重要内容，也是中文信息处理基础性的工作。但是，中文是一个多层次的结构，以书面汉语来说，汉字是中文最基本的层次，由汉字可以组成词，这是比汉字更高的层次，由词可以构成句子，这又是比词更高的层次。中文信息处理除了研究汉字信息处理之外，还要研究汉语词的自动切分和处理，汉语句子的自动分析和生成，以及汉语语义的自动分析和加工，等等。

少数民族语言文字的信息处理是自然语言信息处理的组成部分，中文信息处理也是自然语言信息处理的组成部分。不论是中文信息处理还是少数民族语言文字的信息处理，都是自然语言信息处理这个学科的分支学科，它们之间的关系是并列的，而不是彼此隶属的。因此，本书没有把少数民族语言文字的信息处理纳入中文信息处理的范围之内，我们认为应当把它作为一个独立的学科进行深入的探讨和精细的研究。

中文信息处理的研究在我国已有 30 年的历史了。早在 1956 年，我国学者丁西林就提出了中文电动打字机的问题。1956 年 10 月，钱文浩在《科学通报》上发表了《文字与通讯》一文，提出了用汉字编码方法把汉字转换成信息代码进行传输的理论问题，引起了国内外人士的关注。1958 年，新华社、邮电部、中央机要局合作设计了鼓轮式中文电传机。1959 年国庆前夕，中国科学院语言研究所和计算技术研究所合作，在我国试制的第一台 104 电子计算机上进行了俄汉机器翻译试验，这是中文信息和计算机最早的结合。1969 年 9 月，邮电科学研究院试制成功我国第一台电子式中文电报快速收报机，揭开了用计算机技术处理汉字信息的序幕。1974 年 8 月 9 日，中国科学院、一机部、四机部、新华社和国家出版局向国家计委及国务院提出“研制汉字信息处理系统工程的请示报告”，9 月 24 日，国家计委批准把汉字信息处理系统列为 1975 年国家科技发展计划。1978 年，云南大学无线电系张其濬教授给中央领导写信，提出研究汉字编码的问题，经中央领导同意批转，于 1978 年在青岛成立了全国汉字编码研究会，这是我国中文信息处理方面的第一个全国性学术团体。1979 年在上海嘉定召开了“信息处理交换用的汉字字符编码标准”讨论会，1981 年 3 月，国家标准局发布了国家标准 GB 2312—80《信息交换用汉字编码字符集——基本集》，并于 1982 年得到国际标准化组织 ISO 的承认。1981 年 6 月 27 日，中国中文信息研究会在天津成立，选举钱伟长为理事长。接着陆续成立了几个专业委员会。1982 年 5 月在厦门成立基础理论专业委员会，12 月在南京成立汉字信息处理专用设备委员会，1983 年 3 月在成都成立汉字编码专业委员会，5 月在武汉成立汉字信息处理系统专业委员会与自然语言处理专业委员会，同月，在武汉召开了中国中文信息研究会第二次全国学术会议。1983 年 10 月 12 日—14 日，中国中文信息研究会与联合国教科文组织联合在北京召开中文信息处理国际研讨会（ICCIP'83），来自美国、日本、加拿大、澳大利亚、联邦德国、法国、英国等 15 个国家和地区的来宾 77 人，国内代表 98 人，会上宣读了 77 篇论文；研讨会期间，与中国计算机技术服务公司、中国计算机用户协会联合举办了“计算机中文信息处理展览会”，展出了 38 项成果。截至1983年底，我国累计生产汉字终端400余台，汉字15×16点阵掩膜库1000套，汉字打印机185台，笔触式汉字键盘320台，年产值约2500万元。我国中文信息处理的研究出现了一片欣欣向荣的景象。

欧美和日本也有不少学者研究中文信息处理，美国有中文计算机学会(Chinese Language Computer Society)，日本有信息处理学会(Information Processing Society of Japan)，都进行中文信息处理的研究。

另外，日本于1979年成立了非公开的“日文输入法研究委员会”，于1981年改为公开的“日文输入方式研究会”，进行日文假名和汉字输入方式的研究。1985年开始，把研究领域进一步扩充，成立了“日本语文书处理研究会”。日本在汉字处理方面的研究与中文信息处理的研究有许多共同之处。

日文和中文都使用汉字，语法结构与印欧语有很大差别，因此，日文信息处理的研究，对于中文信息处理是很有参考价值的。日本在20世纪60年代中期到70年代中期，首先在对汉字有特殊需要的新闻出版部门使用了日文电子照排系统，日文输入主要依靠汉字键盘和假名键盘，输出技术使用活字和点阵，典型的设备是汉字电传打字机。70年代中期到70年代末期，有了汉字终端，开始使用汉字—图形输入板、喷墨打印机和终端电子摄影技术，日文信息处理技术推广到了银行、保险公司、百货商店等部门，用于管理顾客名单和打印地址。80年代初期出现了日语文字处理机、日语小型商用计算机和日语个人计算机，开始了假名—汉字转换输入、光学字符识别以及语音识别与合成的应用性研究，造出了一批产品，日文信息处理系统逐渐向办公室普及，进行所谓的“办公室自动化”（Office Automation，简称OA），广泛用于企业事业单位和家庭。此外，值得注意的是，日本的机器翻译研究近年来已逐渐走向实用化、商品化。

同日文信息处理相比，我国中文信息处理的研究还比较落后，我们应该努力学习国外的先进技术，结合中文的实际，把中文信息处理的研究提高到新的水平。

中文信息处理是一门新兴的综合性技术学科，它是语言学、计算机科学、自动化技术相结合的产物，中文信息处理的发展，有赖于这几个方面的专家的通力合作。但是，由于中文信息处理的对象是中文，因此，它与语言学有着更为密切的关系。语言学所揭示的关于语言结构的各种规律，是中文信息处理不可缺少的研究依据。例如，汉字结构的精细研究，有助于汉字编码和汉字识别的发展，实验语音学的研究以及汉语词汇、语法、语义及其相互关系的研究，为机器翻译和汉语人机对话提供了可靠的语言数据。可以说，中文信息处理的每一步发展，都离不开语言学的研究成果。另一方面，中文信息处理的研究，可以在很多方面对传统语言学和现代语言学的许多结论加以检验、订正和补充。例如，利用对语言文字各种要素的统计数据，可以从量的描述得出质的评价，从而丰富和发展传统语言学，机器翻译和人机对话研究中所发现的许多自然语言自动分析和理解中的问题，可以检验转换生成语法的结论。而且，在中文信息处理中涉及的有关汉语的语音、文字、词汇、语法、语义的各种问题，也必将成为汉语研究的新课题，促进汉语研究的现代化。

本书旨在探讨中文信息处理与汉语研究的关系，向语言学工作者介绍中文信息处理的基本知识，向计算机工作者介绍与中文信息处理有关的语言学问题。由于中文信息处理的研究对象是中文，本书所涉及的各种语言学问题均以汉语为主。目前已经开展的中文信息处理项目主要有汉字的输入与输出、计算机言语统计、计算机自动切词、机器翻译、人机对话等，这些项目与汉语研究的关系都比较密切，有着浓烈的语言学色彩，汉语语言模型是中文信息处理的基础性研究，与汉语研究更是息息相关，本书将着重介绍这些方面的原理、方法以及主要成果。此外，我国近年来还研制了许多中文信息处理系统，在发展汉字终端的同时，还研究了各种汉字系统软件，如汉字操作系统、汉字高级语言、汉字数据库等，这些当然也是中文信息处理的十分重要的内容，但由于它们的技术比较专门，与语言学的关系也不如上述那些项目密切，本书中就略而不谈了。

中文信息处理与汉语研究的问题，是关系到我国语言学研究现代化的重要问题，涉及的范围很广，作者学识有限，孤陋寡闻，以蠡测海，难免有片面和不妥之处，敬请读者批评指正。

本书力图反映出我国学者，特别是汉语研究者在中文信息处理研究中的新成果，因此，在本书写作过程中曾参考过许多同志的论文和著作，没有这些同志的出色工作，没有他们的极为宝贵的研究成果，本书是写不出来的。本书在每章末均列出了参考文献，在本书出版之际，谨向这些同志深表谢意。商务印书馆周行健同志对于本书的体例和写法提出过十分有益的建议，特在此致谢。

冯志伟

1986 年 5 月 1 日于北京

目　录

第一章　汉字的输入与输出

汉字是一个大字符集。公元 100 年许慎的《说文解字》就已收了 9353 个汉字，后来，汉字数目逐渐增加，公元 543 年顾野王的《玉篇》已收 16 917 个汉字，公元 1008 年陈彭年等的《广韵》收 26 194 个汉字，公元 1615 年梅膺祚的《字汇》收 33 179 个汉字，公元 1716 年陈廷敬等的《康熙字典》收 47 035 个汉字（增补以前的汉字数是 42 174 字），1959 年日本学者诸桥辙次的《大汉和辞典》收 49 964 个汉字，而最近出版的《汉语大字典》收的汉字已达 60 370 个。中文信息处理关心的主要是现代汉字，其字数要少一些，但仍然是形形色色、琳琅满目、错综复杂的一个大字符集。计算机要处理中文信息，首先要解决汉字这个大字符集的输入输出问题。

第一节　汉字输入

汉字输入是中文信息处理的关键，不解决这个问题，中文信息处理就落为空谈，成为无米之炊。

20 世纪 70 年代以来，我国学者对这个问题作了大量的探索和研究，到目前为止，提出的汉字输入方法大致有六类：编码输入法、整字输入法、拼音—汉字转换法、印刷体光学输入法、手写输入法、声音输入法。下面分别加以介绍。

1. 编码输入法：

所谓编码输入法，就是给汉字规定一种便于计算机识别的代码，使每一个汉字对应于一个数字串或符号串，从而把汉字输入计算机。

一般地说，适合于计算机输入汉字的编码方案，应该具备如下特点。

①简单易学：汉字编码方案应该有较强的规律性，规则简明扼要，操作人员不必经过很长时间的学习就可以使用。

②重码率低：代码与汉字应该尽可能地一一对应，不能一个代码对应于两个或两个以上的汉字，产生重码。一般说来，一个实用的汉字编码方案，其重码率应控制在3%—1.5%以下。

③速度较快：操作人员经过短期培训后，可以实现盲打输入。

④覆盖面大：对于出现频度高的汉字都应该进行编码，以便覆盖绝大部分用汉字写的文章。

⑤成本低廉：汉字编码输入系统设备的成本不宜太高，要有较好的性能价格比，最好能使用普通电传打字机的小键盘，而不必另外添置大量的专用设备。

计算机汉字编码是目前举世瞩目的重大课题，学者们为此倾注了大量的心血，提出的编码方案已有500多个，其中上机通过实验和已被采用的编码方案已达数十种之多。这些汉字编码方案大致可分为四种：

（1）形码：根据汉字的字形来进行的编码。如笔形编码法、五笔字型编码法、三角编码法等。

笔形编码法把汉字的笔画分为一（横）、丨（竖）、丿（撇）、丶

（点）、乛（折）、𠃋（弯）、乂（叉）、□（方）八类，分别用 1、2、3、4、5、6、7、0 等数字来代表，横、竖、撇、点为单笔，折、弯、叉、方为复笔。汉字代码是不等长码，最大码长为 9 码。

五笔字型编码法把汉字分解为部件，按部件进行编码，平均码长为 4 码，使用高频字简码和词汇码后，平均码长为 2.8 码。

三角编码法是对用于查字典的四角号码查字法改进而成的，它不使用汉字四个角上的基本笔画作为代号而采用汉字三个角的基本部件作为代号，由于基本部件符号的数目比四角号码查字法中的基本笔画符号的数目多得多，所以，重码字大为减少，不必采用四个角来编码，而只需用三个角来编码。

设计这样的形码时，必须对汉字的笔画及部件进行精细的分析。

汉字的笔画是很复杂的。传统上一直认为单笔有一（横）、丨（竖）、丶（点）、㇀（提）、丿（撇）、㇏（捺）六种，为了减少基本码字，笔形编码法把单笔分为横、竖、撇、点四种，而把“提”归入“横”，把“捺”归入“点”。这是因为：

第一，“提”和“横”的运笔方向相同，均是自左而右运笔，“点”和“捺”的运笔方向相同，均是自左上而右下运笔。

第二，“提”和“横”常常互相转化。汉字中末笔是“横”的独体字或部件，当它们出现在合体字的左旁时，其末笔的“横”就变为“提”，如“土、立、王”的末笔都是“横”，当它们出现在“块、堵、地、竭、端、站、玩、理、球”等合体字的左旁时，其末笔的“横”都转化成了“提”。“点”和“捺”也常常互相转化。为了使汉字的结构方正美观，在许多情况下，“捺”要转化成“点”，如“泰、膝、漆、黍”等字中的“氺”是由“水”变形而成的，“水”

的末笔由“捺”变成了“点”；还有“令、仓”的第二笔“捺”在“领、创”中均转化为“点”；“木、大”的最末一笔“捺”在“相、达”中均转化为“点”；而“奇、因、困、菌”等字中的“大、人、木、禾”都是由“大、人、木、禾”转化而成的。

第三，汉字中没有以“提”起笔的字，因此，“提”和“横”虽可互相转化，但基本笔画取“横”不取“提”；汉字中也没有以“捺”起笔的字，因此，“捺”和“点”虽可互相转化，但基本笔画取“点”不取“捺”。

把“提”归入“横”，把“捺”归入“点”之后，单笔只有横、竖、点、撇四种。

汉字的复笔笔画形状多样，仅是“折”这种复笔笔画就有22种，其中，单折笔形14种：亅（竖钩）、㇁（弯钩）、㇂（斜钩）、㇃（卧钩）、㇄（竖弯）、乚（竖弯钩）、𠄌（竖提）、乛（横钩）、㇕（横折）、𠃍（横折钩）、𠃊（竖折）、㇇（横撇）、𡿨（撇折）、㇛（撇点），复折笔形8种：㇈（横折弯钩）、㇉（竖折弯钩）、㇊（横折提）、㇋（横折折撇）、㇌（横撇弯钩）、㇡（横折折折钩）、㇍（横折弯）、㇎（竖折撇）等。笔形编码法把它们归并为“折”“弯”两种，再加上“叉”“方”，复笔笔画共4种。这样，便把复杂多样的汉字笔画归并为8种基本笔形。

设计形码还要分析汉字的部件。现代汉字的形体可以分为汉字、部件、笔画三个层次，笔画是最低层次，部件是中间层次，汉字是最高层次。由笔画组成部件，再由部件组成汉字，因此，部件是汉字形体结构中的枢纽性单位，它上承汉字，下启笔画，起着承上启下的作用，部件比笔画完整，又比汉字简单，在现代汉字的形体结构分析中应该给以特别的注意。

从符号数目的多少来看，汉字层次最高，表示一个字只需用一个符号，但它所用的符号总数很多，如果有6万个汉字，就得用6万个不同的符号；笔画层次最低，表示一个汉字所用的符号数目最多，而它所用的符号总数最少，只有横、竖、点、撇、折、弯、叉、方等有限的几种；部件处于中间层次上，表示一个汉字所需的符号数目适中，而它所用的符号总数也适中。例如，五笔字型编码法把汉字的部件归并为664个，进行了认真的统计分析，为部件的优选和部件在键盘上的合理布局提供了理论根据。

（2）音码：根据汉字的读音来进行的编码。音码一般以汉语拼音方案为根据，汉语拼音方案已有多年的历史，在国内外广泛推行，它的合理性、群众性和科学性已得到公认，而且，它是以国际通行的字符集（拉丁字母）以及与它们相近的发音为基础制定的，有利于国际交流，在计算机上使用汉语拼音，还有利于推广普通话，有利于我国文化教育事业的发展。

采用音码的最大困难是区分同音字的问题。汉字的音节共408个，而汉字的数目成千上万，这就必然导致大量拼音同音字的出现。赵元任先生曾写过一篇《施氏石狮史》的短文，全文如下："石室诗士施氏嗜狮，试食十狮；氏时适市视狮十时，适十狮适市，适施氏适市，氏视是十狮，恃矢势，使是十狮逝世。氏拾是十狮尸，适石室；石室湿，使侍拭石室，石室拭，氏始试食十狮尸；食时，始识是十狮尸，实十石狮尸。试释是事。"这一段用汉字写的短文，稍有古文基础的人，是不难读懂的，但如果全都用汉语拼音写出来，那恐怕就很难读懂了。这是一个极端的例子，但由此可以看出，采用音码时，同音字的区分确是一个相当困难的问题。

因此,现有的音码方案都把区分同音字作为主要的研究目标。例如以词定字法、拼音联想法等都是。

以词定字法在计算机中存储 12 000 个双音节词,直接按词键入汉语拼音,以词来定字,从而区分了同音字,减少了重码。

拼音联想法为每一个汉字选定一个联想词,取联想词中联想字的声母作为同音字的区分字母,加在汉语拼音的后面,从而达到区分同音字的目的。

(3)形音码:这种编码法基本上立足于字形分解,把字分解为部件或笔画,部件和笔画统称为字元,而分解之后形成的各个字元,又通过它们的读音来帮助记忆,这样的读音,并不是被编码汉字本身的读音,而是其字元的读音。形音码的典型代表是见字识码法,把汉字拆成字元串,以字元串中各字元读音的代码作为汉字的编码。

(4)音形码:这是一种以音为主、以形为辅的编码。音形码中的“形”,其主要作用在于区分同音字,有的方案用汉字的部首来区分同音字,有的方案用汉字的角码来区分同音字,如声韵部形编码法、音角编码法等。

声韵部形编码法的“声”就是汉字的声母,“韵”就是汉字的韵母,“部”就是汉字的部首,“形”就是汉字的字形特征。编码时,把汉字按它的声、韵、部、形的顺序,各取相应的代码,组成一个有 4 个字符的编码。

音角编码法以汉语拼音为主,采用角码作为拼音的辅助标志,角码用数字表示,对于大多数的音节采用两个角码,对于少数同音字超过 100 个的、由两个字母组成的音节采用三个角码。

汉字编码方案层出不穷，在计算机之间进行信息交换的时候，如果各个计算机所用的代码各不相同，就不能直接交换汉字信息，计算机的研制成果就不能为大家共享，因此，必须制定一套汉字标准交换码。这种汉字交换码处于一台计算机的出口与另一台计算机的入口之间，进行汉字的信息交换。作为汉字交换码，除了保证一字一码之外，还必须遵循计算机信息交换码的有关国家标准和国际标准。1981 年 3 月，国家标准局正式公布了《信息交换用汉字编码字符集——基本集》（GB 2312—80），简称汉字标准交换码或国标码。

汉字标准交换码共分两级。第一级为常用字，有 3755 字，按汉语拼音字母顺序排列，第二级为次常用字，有 3008 字，按部首排列，两级共 6763 个汉字。有了汉字标准交换码，各个计算机系统之间的信息交换就有了共同的一致性，计算机信息和资源的共享也就有了保证。为了满足少数用字量超过基本集的用户和我国台湾以及港澳地区的需要，我国还制定了《信息交换用汉字编码字符集——辅助集》。

从 1978—1992 年，汉字编码的研究出现了百家争鸣的局面，各种方案有如雨后春笋，源源不绝，指不胜屈，为了促进汉字编码的研究更加健康地向前发展，有必要对已有的汉字编码方案进行评测，以便由“百家争鸣”逐渐地发展到“百家归一”，优选出最佳的汉字编码方案。目前，有关部门已制定了评测规则，开始了汉字编码方案的评测工作。通过评测，我国的汉字编码研究将会沿着集中、提高、标准化的方向发展。

2. 整字输入法：

这种方法不用编码而把整个的汉字逐个地输入计算机，这是模拟中文打字机的构造而发展起来的一种汉字输入法。这种输入法起初采用大键盘，输入时一个一个地按键，而每一个键都要配备一套小型的机械触发装置，制造起来非常困难。20世纪70年代末期发明了笔触式键盘，把汉字表格固定在一个绘图版面上，使用时，用一支特别的探测笔对盘面的汉字进行点触，即可把汉字输入计算机。

3. 拼音—汉字转换法：

这种方法直接输入汉语拼音，由计算机自动把拼音转换成汉字。拼音—汉字转换法与编码输入法中的音码不同。音码虽以汉语拼音为基础，但采用了双拼和简码，并不完全以汉语拼音的原形输入，仍然是一种汉字编码。拼音—汉字转换法不是编码，而是一种非编码的自然输入法，在用汉语拼音输入时，一般在计算机的显示屏幕下端开一个显示窗口，在此窗口上一次显示键入的汉语拼音的若干个同音字供用户选择，用户按他要选择的字在窗口中的排列顺序的位置，再键入一个相应的数字或符号，即可完成一次汉字输入。随着我国文化教育事业的发展，国家规定的《汉语拼音方案》更加普及，为了促进我国语言文字的规范化和标准化，拼音—汉字转换法的研究是应该大力提倡的。

4. 印刷体光学输入法：

首先用光学的方法，通过光学字符识别器（Optical Character Recognition，简称 OCR）进行光电转换，将纸面上的汉字信息转换成离散的电信号，然后再进入计算机进行识别。目前最成熟的 OCR 输入速度是每秒 2000—3000 个字符，相当于人眼读书速度的数百倍，如能实现汉字识别，那将可以高效率地输入中文资料，比手工击键的输入方法快多了。

汉字识别系统首先要在计算机内建立标准文字样本，然后选用适当的汉字识别准则，将输入的欲识别的汉字与标准文字样本中的汉字逐一对比，判断输入的汉字是何字。由于汉字数目庞大，在识别过程中，若把欲识别的汉字逐个与标准文字样本中的汉字进行对比，对汉字字形的整体逐点进行匹配，需要花大量的时间，识别速度也很慢，而且，随着识别汉字数量的增加，速度还要明显降低。为了提高印刷体汉字识别的速度，可以采用分层次识别的方法，先确定一个候选字集，用汉字的某些局部来代替某一层次的整体，尽量地容忍畸变和干扰，以逐层缩小识别范围。接着在候选字集之内进行模式匹配，最后，对于某些形状相似的字，还要进行特殊判定，从而达到识别印刷体汉字的目的。

5. 手写输入法：

这种输入法要让计算机自动地识别手写体汉字。由于手写体汉字不如印刷体汉字那样工整和严格，识别时除了判断其是否存在某种特征之外，更重要的是判断这些特征之间存在什么样的关系，因此，一般不采用模式匹配的办法，而是采用结构分析的办法来进行。

手写输入法又可分为联机手写输入法和脱机手写输入法两大类。联机手写输入法要求用户在与计算机相联的书写板上写出汉字，边写边由计算机来识别；脱机手写输入法则不用特殊的书写板，用计算机对脱离计算机书写的汉字进行识别。

6. 声音输入法：

对计算机读出汉字的字音，把汉字输入计算机，这种方法叫作声音输入法，这当然是一种最为理想而且令人神往的输入方法。

声音输入法可分为特定说话者声音输入法和非特定说话者声音输入法两类。

采用特定说话者声音输入法时，预先由说话者发出汉字的声音，将其记录在计算机中，作为标准模式，计算机只能识别这个说话者的声音。识别时，首先对输入的声音进行语音分析，抽出其特征参数，然后再把这些特征参数同已存储在计算机中的标准模式相匹配，从而输入该字音所表示的汉字。如果要识别连续发出字音的汉字，那么，还要确定各个汉字的字音之间的界限，需要很高的处理技术。

采用非特定说话者声音输入法时，语音识别系统不认人，可识别不同说话者的语音。由于说话者个人的差别、方言的差别，研制起来难度更大。

上述6种汉字输入法中，编码输入法、整字输入法、拼音—汉字转换法使用比较广泛，而印刷体光学输入法、手写输入法、声音输入法已取得了初步成效，为提高其研制水平，除了纯技术方面的问题之外，还必须做到汉字字形及读音的规范化。印刷体光学输入法输入的必须是标准字形的印刷体汉字，否则计算机无法识别，联机手写输入法要按照汉字的笔顺一笔一画地在书写板上写出汉字，这就要进行汉字笔顺的规范。脱机手写输入法要考虑到汉字手写体的各种可能的变形，如“七”字，可写为“七”“七”“七”“七”“七”等，计算机要对这些形状各有差别的字形进行模糊处理，抓住“七”字的重要特征，忽略“七”字的非重要特征，这就要对手写体汉字的各种变形作深入细致的研究,以便抓住本质的、重要的特征。声音输入法是以普通话为标准语音的,不论是研究人员、操作人员或者发音人,都要学会普通话,说好普通话,才有可能提高研究水平;声音输入法研制成功之后,为了推广这种方法,用户也必须会说普通话,否则很难进行操作和使用。新宪法规定:"国家推广全国通用的普通话",这项规定有着深远的意义,为了适应现代化社会的要求,我们应当按照新宪法的规定,把推广普通话的工作做得更好。

第二节　汉字输出

汉字输出是中文信息处理的难点之一。近年来我国科学工作者在这个方面已取得了令人鼓舞的进展。

要让计算机输出汉字,首先要研制汉字库。汉字库又叫汉字发生器,在汉字库中,把汉字的字形信息存储在计算机中,供输出时使用。汉字库可根据来自计算机的指令,取出所需的汉字字符,送到计算机中进行加工处理,然后按一定的排列顺序,以一定的时间间隔,送到输出装置,显示或打印所需要的汉字。

由于汉字字形复杂,字形的繁简差异较大,因此,在汉字库中,一般采用点阵的方法来表示汉字,也就是把每个汉字分解成一些黑白相间的点,置于网状的点阵格纸中,点阵格纸中的格叫作栅格,每一个栅格对应于存储器的一位,汉字字形有笔画的栅格用"1"表示,汉字字形无笔画的栅格用"0"表示,这样,就可把每个汉字用一个数字化的汉字点阵表示出来,在点阵格纸中,"1"表现为黑点,"0"表现为白点。

图 1.1 是一个 32×32（32 列，32 行）的方形点阵，格纸中，有笔画的地方布满了黑点，无笔画的地方全是白点，一个汉字用 $32 \times 32=1024$ 个按一定次序排列的黑点和白点来描述。建立一个 32×32 点阵的汉字库，要把需存储的汉字都变成由 1024 个黑点和白点组成的点阵，图 1.1 中的“唇”字就是用这种由黑点和白点相间的点阵表示出来的。

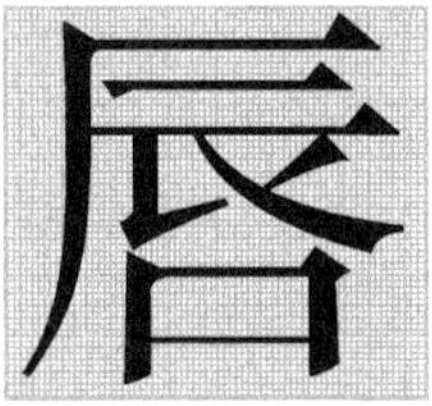

图 1.1　32×32 汉字点阵

在每个栅格的位置上，放一个磁芯（或磁杆），用比头发丝还细的导线穿过，在电路中就可组成 1024 位脉冲信号，以之来表示一个汉字，这样，一个汉字就变成了一串数字化的电脉冲。

汉字的字形由横、竖、点、撇、折等基本笔画组成，这些笔画的长短不同，方向各异，纵横交错，千变万化；而且，汉字还有各种字体，单就印刷体而言，就有宋体、仿宋体、楷体、黑体、隶书体、牟体、小姚体、新魏体等，仅宋体又可分为报版宋体、书版宋体、标题宋体、长宋体、扁宋体等；另外，从印大标题的特大号字到最小的文中注解的小七号字，又有十几种大小不同的字号。针对不同的应用和不同的输出设备，就要设计不同规格的汉字字形库。

1985 年 5 月，国家标准局颁布了计算机信息处理用 15×16，24×24 两种点阵宋体字模数据标准文本，受到了国内外广大用户和厂商的热烈欢迎和高度评价。目前，15×16 点阵字模多用于屏幕显示，24×24 点阵字模多用于针式打印机和台式激光打印机。32×32 点阵字模已研制完毕，1986 年由国家标准局公布施行。这三种点阵字模数据的广泛使用，为我国汉字字形的规范化和标准化做出了榜样，为今后汉字字体与字形的研究打下了良好的基础。目前，我国正在研制计算机用汉字的标题宋体、仿宋体、楷体、黑体等常用字体的中档点阵汉字字模，并使其数字化、标准化、以使用于办公室自动化系统中的轻型印刷装置上。

但是，如要进行正规的排版印刷，32×32 点阵字模的规格还是不够的。用于正规排版印刷的点阵规格，要求点阵密度极高。印报字模的点阵密度应在每毫米 20 线以上，也就是在每毫米的宽度上，能分辨清 20 条线；印书字模的点阵密度应在每毫米 25 线以上。具体地说，一个五号字需要 108×108 点阵字模，也就是要 11 664 个栅格才能描绘一个五号字，一个一号字的存贮信息超过了 8 万个栅格，一个报纸大标题用的特大号字的点阵为 576×576，其存贮信息为 331 776 个栅格。如果以 7000 个印刷常用字为必备字数，每个字还要存贮十几种字体，每个字体还包括十几种字号，所有这些汉字的数字化点阵的存贮信息高达 2×10^{10} 个栅格。栅格或为黑，或为白，在二进制数中就是“1”或“0”，因而一个栅格可用一位二进制数字表示，2×10^{10} 个栅格就要用 2×10^{10} 位二进制数字来表示，二进制的一位叫作 1 比特，这就需要有 2×10^{10} 比特信息的存贮量。20 世纪 80 年代世界上还没有一种大型的计算机或者高速大容量外存储器能容纳这样巨量的汉字信息，即使将来技术上能够达到，但造价高而效率低，会造成极大的浪费。

面对我国方块汉字的现实，要使我国的排版印刷工作现代化，就必须进行汉字字模信息压缩，攻下信息压缩这个难关，以减少存贮数量，保证文字质量，尽量做到压缩倍数大，失真度小，分辨率高。北京大学王选等提出折线段压缩法来压缩汉字信息，使印刷用的 65 万个汉字字头（包括不同的字体、字号）所需的存贮量，从 2×10^9 字节下降到 5×10^6 字节[①]，压缩了 400 倍，经进一步改进后，总体汉字信息压缩倍数达到 500 倍，汉字的字形清晰，分辨率高达每毫米 29.2 线，居于世界领先地位。采用这种技术，在北京大学汉字信息处理技术研究室建立了计算机—汉字编辑排版系统，已排出了《伍豪之剑》《中国哲学史》和《汉语拼音词汇》等书。

计算机汉字输出要把汉字变成数字化的汉字点阵，建立汉字点阵字模。而研制汉字点阵字模，首先要确定常用汉字的字数和字形规范。早在 1955 年 12 月，中国文字改革委员会与文化部就发布了《第一批异体字整理表》，淘汰了 1053 个异体字，《简化字总表》中采用同音代替的方法精简了 102 个繁体字，后来又精简了 15 个地名字和 20 个计量用字，到目前为止，通过整理和简化共精简了 1189 个汉字。这些工作为纯洁印刷用字做出了积极的贡献，也为汉字点阵字模的制定作了必要的铺垫。1965 年中国文字改革委员会和文化部联合发布了《印刷通用汉字字形表》，为现代汉字的形体结构确定了规范的标准，使汉字点阵字模有标准字形可依，以上这些语言文字方面的工作，都为汉字点阵字模的编制打下了良好的基础。

但是，目前仍有一些常用汉字不能在 15×16 的汉字点阵中全部表示出来，因为 15×16 的汉字点阵字模，其横、竖笔画都不能超过 8 画，如果横、竖笔画超出了这个界限，汉字就要涨到栅

① 1 字节 =8 比特

格外面去了。在GB 2312—80的6763个汉字中,有138个多笔画字不能在15×16的汉字点阵内描述出来。例如,“测量”的“量”字,“牙膏”的“膏”字,“矗立”的“矗”字,横向笔画都超过了8画,“报酬”的“酬”字竖向笔画有十画。对于这138个汉字,参照我国传统书法草书对繁笔字处理的方法,压缩变通笔形进行简化处理,如把“量”字加以压缩,“矗”字压缩为“矗”,这些压缩后的字形都不是规范字形,因此,如何处理这138个汉字,是语言文字工作者在汉字规范化中必须研究的问题。过去我们的汉字整理和简化研究,从教学、书写、印刷、阅读等角度考虑得较多,而从中文信息处理的角度考虑得较少,这种局面必须改变。

本章参考文献

1. 石云程《语言信息处理的新任务》,《语文建设》1986年第1、2期,p.37—39。
2. 王选、吕之敏、汤玉梅、向阳《高分辨率汉字字形在计算机中的压缩表示及字形点阵的复原设备》,《中文信息处理国际研讨会论文集》(2),1983年,p.71—83。
3. 傅永和《汉字的整理和简化》,《语文建设》1986年第1、2期,p.29—34。

第二章　汉语的统计研究

汉语统计研究是中文信息处理的一个重要方面，这种研究可以通过对汉语的各种语言现象的量的描述得出质的评价，从而揭示汉语的各种统计特性。这种统计研究可以由人来做，也可以由计算机来做，本章我们主要介绍用计算机进行的汉语统计研究的情况。

第一节　概述

语言的统计研究已有很长的历史了，它是语言研究中的一个古老部门。古印度语法学家在研究婆罗门教的经典《吠陀经》时，就进行过单词和音节数目的统计。1851 年，英国数学家德摩根（A. De Morgan）曾把词长作为文章风格的一个特征进行过统计研究。1867 年，苏格兰学者坎贝尔（L. Campbell）用统计方法来确定柏拉图著作的执笔时期，1881 年，德国学者迪丁贝尔格（W. Dittinberger）进一步用统计方法把柏拉图著作的执笔时期分为前期、中期和后期三个阶段。1887 年，美国学者梅登荷尔（T. C. Mendenhall）对不同时期的英国文学著作进行过统计分析，特别是研究了莎士比亚的作品。1898 年，德国学者凯定（F. W. Kaeding）编制了世界上第一部频度词典《德语频度词典》。1913 年，俄国数学家马尔可夫（A. A. Марков）研究了俄语中字母序列的生成问题，提出了马尔可夫随机过程理论。1935 年，美国语文学家齐夫（G. K. Zipf）发表了齐夫定律。同年，加拿大学者贝克（E. V. Beke）提出了分布率的概念，认为词典选词时，应以分布率为主要标准，频度为辅助标准。1944 年，英国数学家尤勒（G. U. Yule）出版了《文学词语的统计分析》（*The Statistical Study of Literary Vocabulary*）一书，大规模地使用概率和统计方法来研究语言。1949 年，法国学者米谢阿（R. Michéa）提出要建立"统计词汇学"。1950 年，美国语言学家史瓦德士（M. Swadesh）进行了语言年代学的研究。1951 年，美国数学家申农（C. Shannon）用信息论方法来研究书面英语中的熵和多余度。同年，美国语言学家英格维（V. Yngve）对句法现象进行了间距分析。1954 年，法国学者基罗（P. Guiraud）根据文章中词的频度分布，提出了词汇丰富度的概念。1956 年，英国统计学家赫尔丹（G. Herdan）出版了《语言是选择和机遇》（*Language as Choice and Chance*）一书，系统地总结了印欧系语言的统计研究的成果。1965 年，德国学者凯尔（R. D. Keil）把词频统计与现代统计学结合起来，提出了"词汇计量学"（lexicometric）。

到 20 世纪 90 年代，由于在语言统计研究中广泛地采用计算机，逐渐地改变了传统的手工查频、手工统计的办法，提高了统计的效率和精度，把语言统计研究提高到一个新的水平。

我国早在 20 世纪 20 年代就进行过汉语的统计研究。1925 年，教育学家陈鹤琴先生用手工查频的办法，编写了《语体文应用字汇》。后来，台湾交通大学花了 2000 多人日，根据 200 余万字的资料进行汉字的频度统计，北京新华印刷厂动员了 19 个单位，用两年多的时间，对 2100 多万字的资料进行汉字查频工作。70

年代以来，我国开始利用计算机进行汉语统计研究，除了统计字、词的频度之外，还统计了汉字的部件和笔画的频度，并建立了汉语语料库，进行逐字、逐词索引，取得了可观的成绩。

第二节　频度统计

目前我国进行的汉语的频度统计，主要有字频统计、词频统计、汉字部件统计、汉字笔画统计 4 个方面。分述如下：

1. 字频统计

北京航空学院计算机科学工程系计算机理论教研室利用 HP-3000 计算机，进行了大规模的字频统计工作，从 13 800 万字的汉语素材中，抽取了 1108 万字的样本进行统计，其中，出现频度最高的前 15 个字是："的、一、是、在、不、了、有、和、人、这、中、大、上、个"。

北京语言学院语言教学研究室利用计算机对十年制语文课本进行字频统计，统计结果提供了一个《按出现次数多少排列的常用汉字表》，包含 1000 个常用汉字，它们在 520 934 个字的全部统计材料中，出现的总次数为 409 305 次，占 78.5%。

中国文字改革委员会与山西大学合作，抽样复制了 1982 年全国人口普查资料，利用 MC-68000 计算机，对 174 900 个人名进行了抽样统计，统计材料取自北京、上海、辽宁、陕西、四川、广东和福建 7 个省市。统计结果表明：中国的姓氏超过 700 个，姓氏中频度最高的是王姓，"王、陈、李、张、刘" 5 个姓占了总人数的 32%；人名用字有 3357 个，其使用情况比较集中，频度最高的"英、华、玉、秀、明、珍" 6 个字的覆盖率达 10.35%。

武汉大学语言自动处理研究组在RD-11计算机上,对著名作家老舍先生的《骆驼祥子》一书进行字频统计,计算出该书总字数为107 360字,不同单字数为2413字,其中,“车、祥、虎、妞”等字的出现频度都比较高,这在一定程度上揭示出该书用字的特点。

2. 词频统计

由于书面汉语不是按词分写的,而是以汉字为单位逐个连写的,词在书面上的形式不突出,因此,汉语大规模的统计研究一直停留在以字为单位的阶段上。20世纪80年代以来,我国在词频统计方面有了很大的进展。

进行词频统计,首先要从连续的汉字流中把汉语的词切分出来,才能找到统计的基本单位,这种工作叫作“切词”。切词的方式有计算机自动切词和人工切词两种。在词频统计中,大多数采用人工切词。所谓人工切词,就是凭借人们所具有的词汇知识、语法知识以及对上下文的理解,由人来切词,使词与词之间出现空白。为了顺利地进行人工切词,首先要制定完善而科学的切词规则,使得人们根据这样的切词规则,能够确定唯一正确的切分。但是,由于人工切词的工作量很大,参加切词的人在文化素养、专业水平方面存在差异,不同的人往往会做出不同的切分,切词结果相差很大;就是同一个切词的人,由于记忆上的差错,前后两次切词的结果也不完全相同,这是人工切词难于避免的。因此,在人工切词的过程中,应当经常讨论,相互校对,反复审核,尽量把切词的误差减少到最低限度。

北京师范大学现代化教育技术研究所,为了给中小学教材的编写提出可靠的统计数字和资料,利用计算机进行了中小学教材的词频统计工作。现已在对106.8万字的语言素材统计的基础上,用人工切词得出了总出现次数为704 841个词次,并建立了含有39 601个词的汉语频度词表。在704 841个词次中,单音节词出现词次为371 886,占52.7%,双音节词出现词次为308 709,占43.8%,三音节词出现词次为18 172,占2.6%,四音节词出现词次为5929,五音节词出现词次为84,六音节词出现词次为61,这三项共占0.9%。可见在语言的使用中,占优势的并不是双音节词而是单音节词,这就动摇了关于现代汉语中双音节词占优势的论点。

北京语言学院语言教学研究所对不同体裁和内容的200万字的语言素材进行了人工切词和统计,并与中国社会科学院语言研究所合作,借助于计算机进行计算和排序,着重统计了全国中小学通用教材语文编写组1978—1980年编写的十年制语文课本的字频与词频,统计总词汇量为1 315 752词次。十年制语文课本的统计结果,已编成《汉语词汇的统计与分析》一书出版。他们根据不同音节的词的数量与覆盖率的对比提出:在静态的环境中,在词典中,单音节词占的比例较小,但是,在动态环境中,在使用语言的过程中,单音节词占的比例比双音节词占的比例大得多。这个结论,与北京师范大学现代化教育技术研究所的结论是一致的。

3. 汉字部件统计

汉字的部件把笔画与汉字联系起来,它是汉字形体结构的核心,部件总数只有几百个,合成一个汉字时,只需要为数不多的几个部件,把部件分解为笔画,得出的笔画数目也不多,因此,在中文信息处理中,对汉字部件的统计研究是特别有价值的。1983 年 1 月至 1984 年 5 月，中国文字改革委员会与武汉大学合作，利用计算机对《辞海》（1979 年版）所收的 16 296 个汉字以及《辞海》未收而 GB 2312—80 国家标准中收入的 43 个汉字（合计共 16 339 个汉字）进行了部件分析统计。他们根据汉字部件之间的方位关系，把汉字分为 15 种结构方式：上下结构、上中下结构、左右结构、左中右结构、单体字结构、全包围结构、上三包孕结构、下三包孕结构、左三包孕结构、左上包孕结构、左下包孕结构、右上包孕结构、右下包孕结构、对称结构、特殊结构。统计结果表明，在 15 种结构中，左右结构的字数最多。

他们采取分级拆分的方法，对全部汉字进行拆分，从整字一直拆分到拆分的下限大于笔画的部件为止，最多可拆分到第 7 级，对各级的汉字部件进行频度统计，并指出部件在包含此部件的汉字中所出现的结构部位，求出汉字部件的总组字数以及分级组字数，最后，求出汉字末级部件组字频度，末级部件组字频度最高的是“口”，其组字频度在 20% 以上。

4. 汉字笔画统计

中国文字改革委员会与武汉大学还进行了汉字笔画的统计分析。统计结果表明，汉字以 12 画的字数为最多，笔画少于 12 画的汉字，画数越多，包含的汉字数越多，笔画多于 12 画的汉字，画数越多，包含的汉字数越少。他们还对汉字的起笔进行了统计分析，结果表明，五种基本笔画依起笔频度由高到低的排列是：一、丿、丶、丨、乛。他们也对汉字的基本笔画进行过频度统计，五种基本笔画依出现频度由高到低的排列是：一、丿、乛、丶、丨，这样的研究成果，对于字典编纂以及中文信息处理都是很有帮助的。

第三节　汉语语料库与字词索引

语言研究需要积累大量的语言素材。这种工作过去由语言学家手工来做，有的语言学家积攒的卡片堆积如山，积累不易，检索困难，修改不便，使用起来有很大的局限性。有了电子计算机，就可以把这些丰富的语言资料存储在计算机内，这种建立在计算机存贮介质上的语言素材的总体，叫作语料库。建立了语料库之后，就可以从不同的角度对语言素材进行自动分类，根据不同的需要从语料库中提取所存入的信息。这样的语料库给语言研究工作提供了极大的方便。语料库无须太大的空间，语言素材一经输入，便有多方面的用途，而且可以随时进行修改、补充或更新。所以，语料库是语言研究工作现代化、科学化的有力手段。

武汉大学语言自动处理研究组从 1979 年开始建立现代汉语文学语言语料库，计划在计算机上键入老舍、叶圣陶、曹禺、茅盾、赵树理、巴金、夏衍、鲁迅、郭沫若 9 位现代作家的小说和戏剧共 33 种，共 527 万字。现已在计算机上键入了老舍的《骆驼祥子》，叶圣陶的《倪焕之》，曹禺的《日出》《雷雨》《北京人》，赵树理的《三里湾》等作品。

北京航空学院计算机科学工程系从 1983 年开始建立大型的语料库，作为现代汉语词频统计的语言研究素材，现已建成了 2500 万字的语料库，包括社会科学及自然科学等多方面的极为广泛丰富的语料，是目前世界上规模最大的汉语语料库。

北京师范大学现代化教育技术研究所从 1983 年开始把国

家统编的中小学语文教材全部输入计算机，建立了106.8万字的中小学语文教材的语料库。

除了现代汉语的语料库之外，我国还着手建立了古代汉语的语料库。中国社会科学院语言研究所在计算机上建立了《寒山子诗》的语料库，共包括365首诗，15 000多字，这是一个小型的古代汉语语料库。

这些语料库的建立，为我国语言研究工作提供了现代化的手段。

语料库的一个重要用途是用计算机作字词索引。

索引又叫通检，过去译为"引得"（index），这是研究语言文字乃至研究文学和其他科学必不可少的一种工具书。燕京大学专门设有引得编纂处，以哈佛燕京学社名义印刷古代汉籍引得63种，中法汉学研究所印过通检8种，又以巴黎大学北京汉学研究所名义印过通检6种，中华书局、商务印书馆也都在中华人民共和国成立前后印过一些索引。此外，中国台湾以及香港地区、日本也编有汉籍索引。这些索引都是手工编纂的，编纂工作枯燥无味，手续繁多，要经过比较版本、校刊文字、确定工作本、划定词目、摘抄例句、排列卡片、过录稿本等许多工序。燕京大学引得编纂处制定的《引得编纂手续纲要》就规定了十条大纲，要反复进行大量的摘抄、校对、编号、排列、过录等单调的手工劳动，才能编成一部引得。编辑《荀子引得》时，"编辑五六人，晨夕不辍，历时年余，始克蒇事，……编者诚劳而用者则逸矣。"《杜诗引得》的编纂，费时几近两年。字词索引可分为逐字索引和逐词索引两种。逐字索引按字头来做，逐词索引按词来做。这样的工作极为繁复，除非十分必要，一般不肯轻易从事。现在有了计算机,做这些工作就比较方便了。

武汉大学在他们所建的现代汉语文学语言语料库的基础上,正在用计算机编纂23辑的《现代汉语语言资料索引》,已出了5辑,索引方式都是逐字索引,在不同单字字头下,列出该单字在全书出现的总次数、总页数,然后标列该字在全书中出现的所有页码及行号,行号下注有该字在该行出现的次数,这样,就可以依据逐字索引到原书中查找有关单字的上下文。

中国社会科学院语言研究所在计算机上对《寒山子诗》实现逐字索引。《寒山子诗》的诗句有三言诗、五言诗、七言诗三类,逐字索引中的每个汉字,按它出现在三言诗、五言诗、七言诗的不同情况,分别由计算机打印出它所在诗句的三个汉字,五个汉字或七个汉字。

如果语料库中的语言素材是按词连写的,词与词之间有空白,那么,还可以进行逐词索引。北京师范大学现代化教育技术研究所的中小学语文教材语料库中的语言素材就是按词连写的,因此,可以由计算机自动地进行逐词索引。在中小学语文教学中,词汇教学是一个很重要的方面,为了让学生掌握更多的词汇并正确地使用这些词汇,必须对他们示教大量的典型例句。许多语文教员为了搞好语文教学,苦心孤诣,日积月累,搜集各种例句,费力而又费时。用计算机对中小学语文教材做逐词索引,可以在较短的时间内完成依靠人力难以做到的数量巨大的索引工作,为中小学语文教师以及中小学语文教材的编写和研究提供了有用的资料。

本章参考文献

1. 傅永和《现代汉语字频统计取得新成果》,《文字改革》1985 年第 3 期, p.44—45。
2. 刘源《电子计算机进行汉语字词频度统计的问题和方法》,《中文信息处理国际研讨会论文集》(3),1983 年, p.158—163。
3. 北京语言学院语言教学研究所《汉语词汇的统计与分析》,外语教学与研究出版社,1985 年。

第三章　计算机自动切词

前面两章所讲的汉字输入。汉字输出、字频统计、逐字索引等中文信息处理问题，基本上是在汉字这一个层次上进行的，对于这一些中文信息处理工作，只要把汉字当作一个个的离散单元来处理就行了。然而，中文信息处理的内容远不止这些，因为除了用计算机处理汉字之外，还有必要用计算机分析中文的语法和语义。中文信息处理的许多项目，如机器翻译、汉语人机对话等，都要做细致入微的语法、语义分析，对于这些工作，只在汉字这一层次上进行显然是不行的，必须以词为基本单位，在词这一层次上进行。汉语的书面语是由一个一个的汉字连续地构成的字符流，词与词之间没有空白，为了把中文信息处理由汉字这一层次发展到词这一层次，以词为基础进行中文的语法和语义的自动处理，必须从汉字过渡到词，进行词的切分，也就是在连续的汉字流中，把词切分出来，使词与词之间留出空白，这是中文信息处理的又一个难点。

词的切分有人工切词和计算机自动切词两种，人工切词在第二章第二节中已经讲过，本章专门讲计算机自动切词。

第一节　词在中文信息处理中的地位

汉字只是记录中文的符号，它本身并不反映客观事物，与客观事物并不直接发生联系。与客观事物直接关联的是词，词反映客观事物，表达概念，它是中文里能够自由运用的最小单位。因此，词就成了中文语法研究的中心问题。

在中文信息处理中，凡是涉及句法、语义的研究项目，都要以词为基本单位来进行。句法研究组词成句的规律，没有词就无所谓组词成句，因而也就无所谓句法。语义是语言中的概念与概念之间的关系，而词是表达概念的，没有词，就无所谓概念，因而也就无所谓语义研究。可见，要使中文信息处理的研究进一步深入到中文的句法和语义之中去，就必须用计算机来研究中文的词。

总而言之，词既是一般的中文语法研究的中心问题，也是中文信息处理进一步深入的关键。

另外，词的问题还关系到第五代计算机的研制。第五代计算机是一种智能计算机，它具有联想、判断、推理的功能，而联想、判断和推理都是要由以词为基本单位的句子来表达的，不研究词的问题，第五代计算机的研制就会成为空谈。

词在中文信息处理中的地位这样重要，但是，它在以汉字为基本字符的书面汉语中，其前后的界限却是极不清楚的。书面汉语是一连串不间断的汉字流，词与词之间没有空白，这给以词为基本单位的更高层次的中文信息处理工作造成了极大的困难，因此，必须进行词的切分。词的切分可以由手工来进行，搞人工切词，也可以由计算机来进行，搞机器自动切词。

关于人工切词，前一章中我们已介绍过，这里不再赘述。

计算机自动切词，其困难比人工切词更大，由于汉语的词是由汉字构成的，汉字构词极为灵活，因而在计算机判读汉字流时，可能有多种切分方式，常常使计算机举棋不定，误入迷津，造成切分的失败，或者得出错误的切分。

例如："发展中国家｜矿产｜资源｜丰富"

"发展｜中国｜家庭｜养殖业"

"发展｜中国｜家用｜电器｜材料｜生产"

这3个短句中，前5个汉字"发展中国家"完全相同，可是却应该作不同的理解，究竟是"发展中国家"呢，还是"发展｜中国｜家……"呢，人们在读到这三句话时是靠了一定的语法和语义知识，才做出了正确的切分，从而才理解了它们各自的意思。如果用计算机来切词而没有语法和语义的支持，显然是十分困难的。

又如，"美国会通过生产一种新式武器"这个短句，头三个字既可切成"美｜国会"，又可切成"美国｜会"，两种切分语法上都成立，意思也讲得通。要从中确定一种正确的切分，就得进一步分析更为广泛的上下文环境，否则，不可能得到唯一的切分。

再如，"乒乓球拍卖完了"这个短句，是切为"乒乓球｜拍卖｜完了"，还是切为"乒乓球拍｜卖｜完了"？则要根据当时的具体环境，看当时出售的东西是"乒乓球"还是"乒乓球拍"，这样的切词，显然必须依靠语言之外的背景知识了。

对于在计算机自动切词中出现的诸如此类前后勾连、模棱两可的现象，要利用语法和语义的知识，联系广泛的上下文环境以及语言之外的背景知识来进行分析。但是，在设计自动切词的程序时，如果大量使用语法、语义知识，过细分析广泛的上下文，甚至分析语言之外的背景知识，计算机处理的效率必定大大降低，处理的程序也会变得非常庞大，因此，必须重视计算机切词的算法的研究，以便尽可能地减少计算机的开销，准确地把句子中的词切开。

目前，计算机自动切词问题的研究成绩斐然，我国学者提出的切词技术，归纳起来不外有三种：结合上下文切词法、字链试探切词法、有穷多级列举法。下面分别介绍。

第二节　结合上下文切词法

吉林大学计算机科学系提出的结合上下文切词法，是一种用计算机辅助的切词方法。它以词表和切词知识库为工具，在切词过程中，进行适当的人工干预，从而达到正确地切词的目的。

词表按动态方式设计，其中，相对稳定的部分叫基本词表，储存着各种常用词，比较灵活的部分叫临时词表，储存着一些用途偏窄的特殊词。在处理过程中，临时词表可随时动态地加入特殊词。切词知识库由若干条切词知识构成，一条切词知识就是一条逻辑蕴含式，它要体现出上下文关系，以便结合上下文进行切词。

整个切词处理过程可分为如下几步：

第一步：文本预处理

把需要切词的文本送入计算机之前，进行预处理。主要包括文本的线性化，给特殊词作预标记，给含有非汉字字符的词作预标记等。

第二步：文本切割

文本切割就是把文本粗切为若干个词段。在粗切时，选择两类字符作为文本切割的标志：一类是所有的非汉字字符（如“阿 Q”中的“Q”，“维生素 E”中的“E”等），它们显然是切割的标志；另一类是一些特殊汉字，它们是某些词的词首或词尾，但不能是词的任何其他部分。这些特殊汉字又分为两种：一种是前位切割标志，它们是只能作为词首的汉字，如“阿、最、企”等，可从其前面切断文本；一种是后位切割标志，它们是只能作为词尾的汉字，如“者、础、菇”等，可从其后面切断文本。现已从 3775 个国标一级字中选出前位切割标志 327 个，后位切割标志 247 个，其 574 个汉字。这当中会出现一些例外的情况，对于这些例外，可作成切词知识存入切词知识库中，并由该汉字的词表条目直接索引。

第三步：词段切词

词段切词是整个处理工作的核心。

词段中的任意一串字符若是词表中的词，不管它在文本的语义下是不是词，都称之为该词段的形式词。一个形式词若在文本的语义下是词，则称之为实际词。例如，在“发展中国家”这个词段中，若词表中有“发展”“展”“中”“中国”“国”“国家”“家”这 7 个词，则这 7 个词都是形式词，但在文本的语义下，只有“发展”“中”“国家”3 个词是实际词。

按某个词表将一个词段分解为形式词的各种可能的组合，其中的一个组合，叫作在该特定词表下该词段的一个形式分解。

显然，在特定的词表下，一个词段可以有零个或多个形式分解。例如，在上例中，如词表中包含 7 个词，则词段“发展中国家”可以有 3 个形式分解：

① 发展 | 中 | 国家

② 发展 | 中 | 国 | 家

③ 发展 | 中国 | 家

如果词表中再加入一个形式词"发",由 7 个词变为 8 个词,构成一个新的词表,则上面的词段可以有 6 个形式分解:

① 发展 | 中 | 国家

② 发展 | 中 | 国 | 家

③ 发展 | 中国 | 家

④ 发 | 展 | 中 | 国家

⑤ 发 | 展 | 中 | 国 | 家

⑥ 发 | 展 | 中国 | 家

若一个词段的某个形式分解的所有分解单位都是实际词,则此形式分解叫作正确分解。

在一个词表下,一个词段可能有正确分解,也可能没有正确分解。若有,则该正确分解应是唯一的。例如,对于"发展中国家"这个词段,其正确分解只有一个:

发展 | 中 | 国家

其他的形式分解都不是正确分解。

显而易见,对于任意文本,总可以通过扩充词表的办法,使对该文本来说,它的任意词段都存在正确分解,这时就可以说,这样的词表对于这个文本是充分的。因此,若某个词表对于某个文本来说是充分的,则对于该文本中的任意词段,至少存在一个形式分解,当这个词段的形式分解只有一个时,这个形式分解就是正确分解。

词段切词实际上就是求取词段的正确分解。结合上下文切词法采取穷尽所有形式分解而求正确分解的方法,以保证切词的正确性。

正确分解的判定，首先依据切词知识库中的切词知识来进行，当这种知识无能为力时，就进行人工干预。

切词知识条目以词段的形式表示，不过这个词段与一般的词段不同，它还要标以各种符号。例如，“* 中 * 国家 *〔 × 〕”是一个切词知识条目，其中的 * 号表示条目中词段的实际词间隙，标记该词段的正确分解，〔 × 〕表示前面的字不能向内连成任何形式词。

在知识条目的词段中，有一个词被命名为关键词，词表通过关键词来索引这个条目，如果文本中出现相应的词，则引起一次知识库找查。当文本中的相应片断与条目的词段及上下文信息吻合时，就可以使用该知识条目来进行词的切分。

例如，根据“* 中 * 国家 *〔 × 〕”这个知识条目可知，如果“家”字后面的字不能与它联接成一个词，就可以切分为“中”与“国家”，据此，在“发展中国家”这个词段的各种形式分解中，其正确分解只能是：

发展 | 中 | 国家

在词段切词时，如果不存在形式分解，则意味着词表不充分，需要人工给临时词表加进缺少的词。如果有唯一的一个形式分解，但它不是被切词知识完全确定的，则或者认为这唯一的形式分解便是正确分解，或者再由人工干预，看一看词表是否充分。如果始终存在两个或两个以上的形式分解，那就需要人工干预，由人工进行切词。

从理论上讲，如果词表是充分的，词表中包含被切分文本中的一切词，而且切词知识库是完备的，知识库包括了正确分解的一切知识，那么，这种结合上下文切词法的切词效果是比较好的。

吉林大学计算机科学系在研究结合上下文切词的过程中，为了提高切词的效率，还认真研究了切词的算法。他们提出了几种效率不同的切词算法，分述如下：

1. 正向扫描切词算法：

假设有一部足够大的词表，词表中字数最多的词是 N 字词。设 $a_1a_2...a_n$ 是一个待切词的句子，每个 a_i（i=1，2，...，n）都代表一个汉字。首先看 $a_1a_2...a_n$ 是否为词表中的词，若是一个词，则我们就得到了该句子的第一个词；否则，看 $a_1a_2...a_{n-1}$ 是否为词，是词，则我们得到了第一个词，否则，看 $a_1a_2...a_{n-2}$ 是否为词，……，这个过程至多反复 N 次，就一定能得到该句子的第一个词。假如判定出 $a_1a_2...a_k$ 是词，则记下这个词，并且从 a_{k+1} 开始，重复上述过程，逐次地得到第二个词、第三个词……，直到找出所有的词。在上述过程中，采用"取大不取小"的原则，也就是说，若判定了 $a_1a_2...a_k$ 是词，则不去管 $a_1a_2...a_{k-1}$ 是不是词。

由此得到正向扫描切词算法如下：

① 〔初始化〕m：=1。

② 〔找下一个词〕k：=N。

③ 〔是词吗？〕若 k：=1，则转④；

若 $a_m...a_{m+k-1}$ 是词，则转④；

否则 k：=k−1；转③。

④ 〔得到一词〕记录 $a_m...a_{m+k-1}$；

若 m+k−1=n，说明切词结束；

否则 m：=m+k，转②。

该算法按从左向右的顺序逐次切词，因而称为正向扫描切词算法。

切词词表以中国社会科学院语言研究所编的《现代汉语词典》为准。

例 1　将“所以计划生育工作千万不能放松，特别是在农村”按此算法切词，结果如下：

所以→计划→生育→工作→千万→不→能→放松→，特别→是→在→农村→。

例 2　将“但是，长期积累的这许多问题，不可能在短期间内完全得到解决”按此算法切词，结果如下：

但是→，长期→积累→的→这→许多→问题→，不可→能→在→短→期间→完全→得到→解决→。

不难看出，例 1 切分正确，而例 2 中“不可→能→”切错了，应为“不→可能→”。

2. 反向扫描切词算法：

由于汉语的修饰成分多在前面，从右向左逐次切词比从左向右逐次切词的效果好些，因而提出反向扫描切词算法。

设 $a_1a_2...a_n$ 是待切词的句子，其中 a_i（i=1，2，...n）代表一个汉字。

① 〔初始化〕m：=n。

② 〔找下一个词〕k：=N。

③ 〔是词吗？〕若 k=1，则转④；

若 $a_{m-k+1}...a_m$ 是词，则转④，

否则 k：=k−1，转③。

④ 〔得到一词〕记录 $a_{m-k+1}...a_m$；

若 $m-k+1=1$，说明切词结束，

否则 $m:=m+k$，转②。

将此算法用于例 1、例 2，分别得到如下结果：

所以 计划 生育 工作 千万 不 能 放松，特 别是 在 农村。

但是，长期 积累 的 这 许 多 问题，不 可能 在 短 期间 完全 得到 解决。

不难看出，例 1 中的"特 别是"切错了，但例 2 中的"不 可能"却切对了。

3. 双向扫描切词算法：

正向和反向扫描切词算法简单易行，但两种算法都不能保证切词的正确性。不过，对同一个句子，使用正向和反向扫描切词算法同时产生错误的情况是极少的，也就是说，在绝大多数情况下，两种切词的算法总有一种是正确的，至于哪种是正确的，则很难确定。但是，实验表明，当正向和反向两种切词的结果一致时，几乎可以认为其结果是正确的，为此提出如下的双向扫描切词算法。

设 $a_1a_2...a_n$ 是待切词的句子，其中 a_i（$i=1,2,...n$）是一个汉字。

①〔正向扫描〕对 $a_1a_2...a_n$ 使用正向扫描切词算法，得到一种切词结果。

②〔反向扫描〕对 $a_1a_2...a_n$ 使用反向扫描切词算法，得到另一种切词结果。

③〔比较〕比较①、②所得结果。

若两种结果相同，则切词结束；否则，对于不同的部分进行人工干预。

例如，将“实行计划生育，是我国的一项基本国策”按双向扫描算法切词，得到结果如下：

正向扫描：

实行 计划 生育，是 我 国 的 一 项 基本 国策。

反向扫描：

实行 计划 生育，是 我 国 的 一 项 基本 国策。

两个结果相同，其切词结果是对的。

但是，使用双向扫描切词算法将例1、例2中的句子切词，其结果是不一致的。在例1中，在“特别是”处的切词不一致，一为“特别 是”，对的；一为“特 别是”，错的。在例2中，在“不可能”处的切词不一致，一为“不可 能”，错的；一为“不 可能”，对的。

两种切词结果不一致之处，就是切词的疑点，这种疑点，可通过人工干预的办法，由人来判断其是非。

根据吉林大学计算机科学系对近10万字的材料的分析说明，这样的疑点几乎全是由连续的3个汉字构成的汉字符号串，可表示为ABC，其中A、B、C各代表一个汉字，产生这种疑点的原因，是由于在词表中，A、AB、BC、C都是词，这样，按正向扫描切词算法得到AB C，按反向扫描切词算法得到A BC，从而造成了疑点。

从句子中的语义联系来看，ABC形式的疑点可以归为两种类型。

第一种类型：ABC形式的疑点在实际句子中的切分结果有一种总是对的，另一种总是错的，因而它的正确切分总是唯一的。例如，“不平衡”三字构成的疑点，在实际的句子中，无论如何都只能切为“不”和“平衡”，而不会出现“不平”和“衡”的情况。人们只要根据简单的常识就足以判断应该如何切分才对，并不需要借助于广泛的上下文或者语法、语义知识。

第二种类型：ABC 形式的疑点在实际句子中的两种切分结果都可能是对的。在这种情况下，不借助于广泛的上下文或者语法、语义知识，就难于作出判断。

例如，在下面两个句子中，

从这点就可以看出 现在究竟是一种什么样的局面。许多产品相继出现 在国内外市场。

“出 现在”和“出现 在”两种切分结果都可能存在，不存在唯一的一种正确切分。

在汉语中，第一种类型的 ABC 形式的疑点占绝大多数，因此，可以把这种类型的疑点词段及其正确的切分方式收集起来，并把它们作为切词词典的一个固定的部分，称为固定切词知识。这样，当遇到这种类型的疑点时，一查切词词典中的固定切词知识，就可把它们正确地切开了。

把这个思想加到双向扫描切词算法中去，又可得到一种新的算法。

4. 改进的双向扫描切词算法：

设 $a_1a_2...a_n$ 是待切词的句子，其中 a_i（i=1，2，...n）是一个汉字。

① 〔正向扫描〕对 $a_1a_2...a_n$ 使用正向扫描切词算法，得到一种切词结果。

② 〔反向扫描〕对 $a_1a_2...a_n$ 使用反向扫描切词算法，得到另一种切词结果。

③ 〔比较〕比较①、②所得的结果。

若两种结果相同,则切词结束;否则转④。

④ 〔是第一种类型的疑点吗?〕

若疑点属第一种类型,则查切词词典中的固定切词知识,得到正确的切词结果,否则进行人工干预。

据实验,采用这种算法切词,出错率小于千分之一,其结果是令人满意的。

不过,这种算法还有其他的三种疑点没有考虑。

(1)非 ABC 形式的疑点。例如,在切分“生物学也要研究生物的个体发育问题”这个句子时,采用改进的双向扫描切词算法,在“研究生物”词段发生疑点;正向扫描时为“研究生物”,反向扫描时为“研究生物”,这个疑点中有 4 个汉字,不是 ABC 形式的疑点。

(2)第二种类型的 ABC 形式疑点。如前例中的“出现在”。

(3)用改进的双向扫描切词算法,正向和反向扫描结果一样,但实际切词的结果不对。

例如,“当原子结合成分子时”这个词段,切词结果如下:

正向扫描:

当 原子 结合 成分 子时

反向扫描:

当 原子 结合 成分 子时

“成分”“子时”的切分都不对,而正向反向扫描的结果却是一致的。

对于这三种疑点,应该结合上下文条件,利用语法、语义知识进行切词。为此,需要在切词知识库中存入有关上下文的各种知识，当出现疑点时就查询切词知识库，由此得出结合上下文的双向扫描算法。

5. 结合上下文双向扫描切词算法：

设 $a_1a_2...a_n$ 是待切词的句子，其中 a_i（i=1，2，...n）是一个汉字。

① 〔正向扫描〕对 $a_1a_2...a_n$ 使用正向扫描切词算法，得到一种切词结果。

② 〔反向扫描〕对 $a_1a...a_n$ 使用反向扫描切词算法，得到另一种切词结果。

③ 〔比较〕若正、反向扫描切词结果相同，则转⑤。

④ 〔是第一种类型的疑点吗？〕

若是第一种类型的疑点，则按固定切词知识切分疑点词段，切词结束；否则转⑥。

⑤ 〔有其他的三种疑点吗？〕

若切词结果中有属于其他三类疑点的词段，则转⑥；否则切词结束。

⑥ 〔上下文切词〕根据不同情况，应用切词知识库中的有关上下文的知识于 $a_1a_2...a_n$，进行切词。

这种算法，对于绝大部分句子来说，切词时只要使用一部切词词表即可，只有少数的语句才使用切词知识库，因此，这种算法一方面能准确地切词，另一方面又具有较高的效率。当然，要实现结合上下文双向扫描算法，必须详尽地分析其他三类疑点的各种语段，并构造有关上下文、语法与语义的知识，工作量是相当大的，所以，要真正把结合上下文切词算法付诸实践，是一项十分浩大的工程，目前还处于探索阶段。

第三节　字键试探切词法

中国科学院自动化研究所在中文信息五维模型的基础上[①]，进行了计算机自动切词的算法研究。

人们在学习语言和使用语言的长期实践中，获得一种将某个汉字和某些汉字联系起来的心智活动的能力。某个汉字与某些汉字的这种联系，就是这个汉字的“键”，汉字与其键值相结合，就可以构成由这个汉字组成的词。因此，根据汉字与其键值的组配情况，在句子中试探着进行词的正向扫描最长组配，直到全句匹配完毕，切词也就结束了。

其具体做法如下：

正向扫描被切词的句子，并进行词的最长组配，然后以已经组配成的第一个词后面的汉字，试探着去组配第二个词；如能配成第二个词，则算第一个词切分得合理，再以第二个词后面的汉字试探着去组配第三个词，……，直到全句匹配成一系列的词为止。如在组配成第一个词之后，第二个词不能组配出来，则第一个词改用次长组配，然后再用其后的汉字去组配第二个词；类似地一直进行到全句皆组配成词为止。

例如，在对“发展中国家庭养殖业”这个句子进行切词时，首先按词的最长组配原则组配出的第一个词为“发展中国家”，但以其后的汉字“庭”字组配第二个词时发生了困难，因此，改用次长组配，将第一个词由“发展中国家”改为“发展”，然后再

---

① 关于中文信息五维模型，可参看本书第四章第二节。

用“发展”后面的汉字“中”去组配，得到第二个词“中国”，再用“中国”后面的汉字“家”去组配，得到第三个词“家庭”，最后再用“家庭”后面的汉字“养”去组配，得到第四个词“养殖业”。这样，就可以组配出“发展”“中国”“家庭”“养殖业”这一系列的词，因而这个句子可切分为：

发展 | 中国 | 家庭 | 养殖业

由上所述可以看出，由于在正向扫描最长组配的过程中使用了试探的方法，提高了切词的准确性，这种方法的优点是很明显的。

字键试探切词法的算法描述如下：

在切词过程中，给定的中文句子被看成是连续的、有序的、可以切分的字符串，因此，一个中文句子可以定义为由 n 个汉字组成的良序集 S，它的子集 $S_1, S_2, \ldots, S_i, \ldots, S_{n-1}$ 也都是良序集。所谓良序集，就是任何非空有序子集都有首元的有序集。

这时有：

$$S_1=h_1h_2h_3\ldots h_n$$

$$S_2=h_2h_3h_4\ldots h_n$$

$$S_3=h_3h_4h_5\ldots h_n$$

$$\vdots$$

$$S_i=h_ih_{i+1}h_{i+2}\ldots h_n$$

$$\vdots$$

$$S_n=h_n$$

显然，

$$S_1=S$$

$$S_2=S-\{h_1\} \text{ 或 } S-S_{h_2}$$

$$S_3=S-\{h_1h_2\} \text{ 或 } S-S_{h_3}$$

$$\vdots$$

$$S_i=S-\{h_1h_2...h_{i-1}\} \text{ 或 } S-S_{h_i}$$

$$\vdots$$

$$S_n=S-\{h_1h_2...h_{n-1}\} \text{ 或 } S-S_{h_n}$$

其中，S_{h_2}，S_{h_3}…，S_{h_i}，…S_{h_n} 分别指 S 中在 h_2，h_3，…，h_i，…，h_n 前面的所有元组成的节。例如，S 中在 h_2 前面的所有元组成的节就是 h_1，S 中在 h_3 前面的所有元组成的节就是 h_1h_2，等等。

当计算机从左至右扫描一个中文句子时，其切词过程是：

① 先取整个句子 S_1，从第一个汉字 h_1 开始进行最长组配，若 S_1 能和 h_1 的键值 J 的某一个值匹配(这时 J 的值 $\neq 0$)，则得到一个词；若能和 h_1 的键值 J 的若干个值匹配，则可得到若干个词，这时，应先取最大的键值，也就是取长度最长的键值。例如，设匹配的键值是 $J_{1,i}$，$J_{1,i+h}$，$J_{1,i+k}$ 三个，且

$$J_{1,i} \subset J_{1,i+h} \subset J_{1,i+k},$$

即 $i < i+h < i+k$，

依以上规定，应先取 $J_{1,i+k}$。

② 将句子 S 从 h_{i+k} 处切开，即从 S 中截出 h_{i+k+1} 前面所有的元组成的一节，得到留下来的集 S_{i+k}。

这时，取 S_{i+k} 进行扫描，若在 S_{i+k+1} 中，以 h_{i+k+1} 为首字的键值成立，即至少有一个键值不为零，这说明后继的汉字串在语言结构上是成立的，从而可以肯定前面切词的合理性。这时，置 C=1，表示切词成立。若切词不成立，则记为 C=0。

③ 若 C=0，则应改变前面所取的键值，即获得匹配的键值

中改取其次大者。可以如此反复，直到使得 C=1 时为止。

④ 若 C=1，则继续往下切词。下一步的切词从截去前面的节之后留下的 S 的子集开始，重复以上过程。

以上基本过程不难进一步扩展，以便提高切词的能力。例如，可将第④步改为再检验一次，将句子再截去一节后若剩下的子集也能使 C=1，则认为第一次切分所得到的词可以成立。

南京大学计算机科学系改进了上述算法，提出了“反向扫描，二字前进，最长组配，试探反馈”的自动切词法，在字键试探切词法原有的“最长组配，试探反馈”方法的基础上，增加了“反向扫描”和“二字前进”的方法。由于采用“反向扫描”，适应了汉语词汇中修饰语多在中心语之前的特点，由于采用“二字前进”，适应了汉语词汇中双音节词占多数的特点，所以，实现起来更为简便，可以得到较好的实用效果。

第四节 有穷多级列举法

在任何语言中，词汇的数量都是无限的。不过，在这无限量的词汇中，有些类别的词却是有限的，可列举的。因此，可以从词的可列举性出发，将现代汉语中的全部词分为两大类：一类是开放词，如名词、动词、形容词等，它们的成员是无穷的，另一类是闭锁词，如连词、助词、叹词等，它们的成员是可以一一列举的。

基于这种观点，武汉大学中文系采用多级列举的办法来切词，提出“有穷多级列举法”。他们对现代汉语单词进行了八级处理。

（1）第一级处理：把现代汉语中可列举的闭锁词切分出来，

这些闭锁词包括以下15个小类:

① 区别词:如“这、那”等,共18个。

② 代名词:如“我、你”等,共23个。

③ 疑问词:如“谁、什么”等,共9个。

④ 方位词:如“上、下”等,共60个。

⑤ 数词:如“一、二”等,共24个。

⑥ 量词:如“斤、两”等,共80个。

⑦ 介词:如“把、从”等,共31个。

⑧ 副词:如“才、就”等,共219个。

⑨ 助词:如“的、得”等,共14个。

⑩ 连词:如“与、及”等,共61个。

⑪ 叹词:如“哎、呀”等,共12个。

⑫ 时间词:如“今天、明天”等,共43个。

⑬ 能愿动词:如“能够、应当”等,共15个。

⑭ 趋向动词:如“上来、下去”等,共22个。

⑮ 判断词:如“是、不是”等,共2个。

以上闭锁词共639个,其中有9个是重叠式的词,排除在外另行处理,实有630个。这些词的使用频度相当高,约占文章中实际出现总词数的一半以上。

(2)第二级处理:现代汉语中的重叠式词,其形态标志突出,形式也相当整齐,易于为机器所识别,因此,把它们也切分出来,作为第二级处理。这些词主要有以下10种:

① AA式:如“妈妈、想想”等。

② A一A式:如“猜一猜、看一看”等。

③ AAB式:如“毛毛雨、弯弯绕”等。

④ ABB 式：如“干巴巴、笑眯眯”等。

⑤ AABB 式：如“高高兴兴、欢欢喜喜”等。

⑥ ABAB 式：如“研究研究、讨论讨论”等。

⑦ ABAC 式：如“虎头虎脑、土生土长”等。

⑧ ACBC 式：如“以讹传讹、一犯再犯”等。

⑨ A 里 AB 式：如“土里土气、糊里糊涂”等。

⑩ A 不 BC 式：如“酸不溜丢、傻不愣登”等。

（3）第三级处理：现代汉语中有一些以“员、性、式、士、夫、师”为后缀的三音节词，它们具有明显的形态特征，易于识别，而且为数不多，可以列举，因而把它们切分出来，作为第三级处理。如“办事员、保管员、必然性、积极性、分子式、代数式、茶博士、传教士、大丈夫、士大夫、工程师、药剂师”等。

（4）第四级处理：汉语缺乏发达的形态，就是一些公认的形态特征，其组词方式的自由程度也各不相同。就拿“者、然、家”三个公认的后缀来说，其后附性各有强弱。“者”字只具有后附性，是道地的后缀，不会出现在词头，由它组成的词有“记者、笔者、编者、读者、无产者、先行者”等，可称为 A 类形态标志。“然”字的后附性极强，可以作为许多词的后缀，如“蔼然、安然、昂然、勃然、定然、决然、肃然、屹然”等，但它也可以出现在“然而、然后、然诺、然则”四个词的前面，不过，这种例外是可以穷尽地列举的，“然”字可以称为 B 类形态标志。“家”字有某种后附性，但同时又具有极大的自由性，它虽然可以出现在“专家、作家、画家”等词中作为后缀，但又可以出现在“家财、家蚕、家产、家庭、家访、家禽、家务、家乡、家长、家园、家族、家境”等大量的词的前头，可称为 C 类形态标志。在切词时，A 类形态标志十分醒目,可以作为切词标志,B类形态标志只要穷尽地列举出其例外,也可以作为切词的标志,但C类形态标志显然不能作为切词的标志。

A类形态标志不多,仅有6个,它们是:

A类形态标志	例词
阿～	阿姨、阿哥、阿毛
～者	记者、作者、笔者
～率	频率、比率、效率
～们	人们、同志们、工人们
～乎	似乎、近乎、确乎
～的慌	闷的慌、急的慌、想的慌

B类形态标志也不多,有15个,它们是:

B类形态标志	例词	例外词
老～	老师、老虎	长老、年老、衰老
第～	第三、第五	门第、次第、落第
初～	初一、初次	当初、起初、开初
可～	可见、可喜	许可、认可、宁可
～然	诚然、固然	然后、然则、然而
～师	教师、医师	师长、师父、师表
～士	护士、勇士	士兵、士气、士绅
～夫	懦夫、丈夫	夫妇、夫权、夫人
～性	人性、特性	性格、性质、性命
～腾	折腾、闹腾	腾达、腾贵、腾空
～界	军界、世界	界限、界碑、界面
～炎	肝炎、皮炎	炎热、炎凉、炎症
～员	职员、演员	员工、员额、员司

～巴	泥巴、下巴	巴结、巴望、巴掌
～式	格式、形式	式子、式微、式样

对于B类形态标志，要尽可能地列举出例外，因此，需要作出一个B类形态标志例外词词表，通过这个词表，来切分出B类形态标志的例外词，这就是第四级处理的内容。

（5）第五级处理：把B类形态标志的例外词切分出来之后，就进行具有A类形态标志和B类形态标志的词的切分，这是第五级处理。

（6）第六级处理：经过上述五级处理之后，可作如下推论，并据此以进行第六级处理。

推论1：一个句子中，第一个已被提取的单词的前边如只有一个汉字，则该汉字一定是一个单独的词。

推论2：一个句子中，最后一个已被提取的单词的后头如只有一个汉字，则该汉字一定是一个单独的词。

推论3：任何两个相邻的被提取的单词之间如果只夹有一个汉字，则该汉字一定是一个单独的词。

推论4：一个句子中，如果最后一个汉字是A类形态标志或B类形态标志，则该形态标志一定是后缀，那么，它至少可以同与它紧邻的一个汉字组合成词。

通过第六级处理，就可以在已被提取的单词的前后又切分出一批词来。

（7）第七级处理：根据对《汉语拼音词汇》（增订稿，文字改革出版社，1963年12月版）中所收的两万零一百多个词的统计，其中：

单音节词（不包括同形词）　　1893个　约占9.4%

双音节词	14 647 个	约占 73.2%
三音节词	3484 个	约占 17%
四音节词和四音节以上的词	76 个	约占 0.4%

由于双音节词占了大多数[①],因而可以先切出单音节词和多音节词,再切剩下的双音节词。为此,分别建立一个有 1893 个单词的"单音节词词表"和一个有 3560 个单词的"多音节词词表"(其中,三音节词 3484 个,四音节词和四音节以上的词 76 个),并以此作为底表,在前面六级处理的基础上,进一步把单音节词及多音节词切分出来,最后剩下来的就都是双音节词,采用两两切分的方法即可切分出来。

(8)第八级处理:通过上述七级处理,词的自动切分基本完成,最后再用屏幕显示的办法,在计算机终端上检举疏漏,改错校正,这是第八级处理。

由此可见,有穷多级列举法是一种完全立足于语言学的切词方法。

计算机自动切词目前已初见实用性的研究成果,由于汉语中词与词之间的界限随机性很强,同样一个字或一组字在不同的上下文中可以是词,也可以不是词,给自动切词带来极大困难,因此,这个问题的彻底解决还有待我们的努力。

本章参考文献

1. 管纪文、谷新英《结合上下文辅助分词的学习系统》,《中文信息处理

① 实际上,在具体的文章中,单音节词占的比例比双音节词占的比例大,详见本书第二章第二节。

国际研讨会论文集》(2),1983 年,p.11—18。
2. 王锡龙、王树义、谷新英《用于汉语分词的计算机算法》,《语文现代化》,总第 8 辑,1985 年,p.49—59。
3. 欧阳文道《中文信息五维模型和分词、析句,辨义的算法研究》,《中文信息处理国际研讨会论文集》(3),1983 年,p.153—157。
4. 张普、张光汉《现代汉语"有穷多层列举"自动分词方法讨论》,《第二届机器翻译学术讨论会论文》,1982 年。
5. 王永成《略论中文的电脑分词》,《机器翻译自然语言处理学术讨论会论文》,1984 年。

第四章　汉语的语言模型

在20世纪80年代,由于计算机自动切词还处于探讨和研究阶段,当时的中文信息处理仍然只能采用人工切词。不过,无论采用什么手段切词,一旦在连续的中文汉字流中切出以词为基本单元分开的空白之后,就有可能在词这一级进行更高层次的中文信息处理。词一级的中文信息处理要对汉语进行句法和语义分析,为此,需要建立汉语的语言模型,这也是中文信息处理的难点之一。本章将介绍我国学者提出的几个汉语语言模型。

第一节　概述

语言模型是语言客观事实的数学模拟,它是人们为了解释语言客观事实而设计出来的抽象系统,它并不完全等同于语言客观事实,而只是语言客观事实的某种近似物。在语言模型与语言客观事实之间,可以建立某种对应关系,但是,语言模型并不能完全充分地描写语言客观事实,它只是提供了语言中个别成分(词、句子等)的性质及关系(句法、形态等)的抽象描写。语言客观事实的完全充分的描写,只有把它看成是一系列模型的极限时才是可以想象的。

语言模型与语言客观事实之间的关系,正如数学上的抽象直线与客观世界中所存在的成千上万的各式各样的具体直线之间的关系一样。

语言模型是一个单纯的、统一的、抽象的形式系统,语言客观事实经过语言模型的描述之后,就比较适合于电子计算机对其进行自动处理,因而语言模型对于自然语言的信息处理具有重大的意义。

目前国外的语言模型理论研究主要提出了三种类型的模型:一种是生成性模型,一种是分析性模型,一种是辨识性模型。

如果所研究的模型是从一个形式语言系统着手,生成语言的某一集合,那么,这种模型就是生成性模型。如乔姆斯基(N. Chomsky)的形式语言理论和转换语法便是生成性模型。

如果所研究的模型是从语言的某一集合开始,根据对这个集合中各个元素的性质的分析,阐明这些元素之间的关系,并在此基础上建立语言的规则系统,那么,这种模型便是分析性模型。分析性模型要从一些最基本的原始概念出发,利用演绎的方法,推演出其他的派生概念,从而使整个语言体系成为一个严格的演绎系统。苏联数学家库拉金娜(О. С. Кулагина)和罗马尼亚数学家马尔库斯(S. Marcus)用集合论方法提出的语言模型便是分析性模型。

在生成性模型和分析性模型的基础上,把二者结合起来,便产生了一种很有实用价值的模型,即辨识性模型。辨识性模型可以从语言元素的某一集合及规则系统出发,通过有穷步运算,判定这些元素是一堆乱七八糟的词还是语言中的合格句子。巴尔—希列尔(Y. Bar-Hillel)用数理逻辑方法提出的句法类型演算模型,便是辨识性模型。

汉语有自己的特点，汉语的自动句法分析与语义分析有着自己特殊的问题，因而我们在中文信息处理的研究中，不可能全盘照搬国外的语言模型理论，而必须根据汉语本身的特点和中文信息处理的特殊需要，吸收国外语言模型理论研究的成果，提出具有汉语特点的中文信息处理语言模型。

在20世纪80年代，我国学者提出的汉语的语言模型有中文信息五维模型、中文信息MMT模型、汉语信息处理语法模型、限定型汉语理解模型，后来又提出了产生式汉语语法的初步设想。

第二节 中文信息五维模型

中国科学院自动化研究所欧阳文道提出了中文信息五维模型。

一个中文信息五维模型可定义为：

H=（Y, X, I, J, K）

其中，Y是音，X是形，I是义，J是键，K是范畴。形、音、义这三个维的含义不言自明，键和范畴这两个维的含义则需要加以解释。

键是汉字组词的心理机制。例如“订”这个字，往后接字，可以组成“订购、订户、订婚、订货、订交、订立、订约、订阅、订正”等词，往前接字，可以组成“编订、补订、改订、校订、考订、拟订、签订、审订、修订、续订、预订、增订、制订、装订”等词，这些就成了“订”字的键。键反映了人们把某些汉字和其他汉字联系起来的能力，是人的一种智能，在计算机的记忆装置中，必须包含这一概念，才能使机器获得同样的智能。

范畴是一些抽象的语义框架。语义范畴是人们在认识外在世界的过程中形成的，人们自觉或不自觉地在学习语言的过程中获得了对于语言符号的范畴知识，并且运用这些知识来使用语言。例如，“劳动”这个词，虽然在语法功能上可以做动词、名词或形容词，但是它只能属于“动态词”的范畴，这是中文本身的一个重要特征。中文在缺少严格意义形态变化的外表下，凭借什么特征来构造复杂多变而情理各异的句子呢？除了主要借助于词序和虚词等手段之外，还借助于中文的语义范畴性。具体的“人”“物”“山”“水”等和抽象的“科学”“政治”“战争”“和平”等叫作名物范畴，“飞”“走”“想”“学习”等叫作动态范畴，“美”“丑”“红”“白”等叫作性状范畴。这种范畴是语义方面的，它们与属于语法方面的名词、动词、形容词等有所不同。

音、形、义以及键和范畴，是中文信息中五个独立的不可缺的要素，中文信息处理的一切规则和模式将由此出发，通过归纳和演绎而产生出来。

中文信息五维模型又可再分为两个模型，一个是中文信息句法分析模型，又叫作模型Ⅰ，一个是中文信息语义分析模型，又叫作模型Ⅱ。

1. 中文信息句法分析模型：

中文信息的范畴和范畴符号系统，不同层次的范畴结构和句子模式，以及汉语句法分析的规则系统的集合，统称为中文信息句法分析模型。

中文信息的范畴符号系统可用巴科斯—瑙尔范式（Backus—

Naur Form）定义如下：

范畴（K）:: = 名物范畴（M）| 动态范畴（D）|
性状范畴（A）| 时间范畴（T）|
空间范畴（P）| 数量范畴（S, L）|
逻辑范畴（LG）| 关系范畴（R）|
"是"词范畴（'S'）| "有"词范畴（'U'）|
存在范畴（'Z'）| 虚词范畴

数量范畴（S, L）:: = 数词（S）| 量词（L）|
数量词（SL）

虚词范畴 :: = 虚词 | 半虚词

半虚词 :: = 副词（'F'）| 衡词（'H'）

范畴和范畴之间以一定的关系结合着，形成范畴结构。这种结构有不同的层次，在它的结合过程中，在不同的层次上，反映出不同的语言功能和语法关系。在较低的层次上，通常反映出各种范畴词在这个句子中的语法功能，在较高的层次上，反映出整个句子的具体模式，层次越高，反映的句子模式也越带有一般性。

这种范畴结合关系的集合，就叫作汉语句法分析的规则系统。范畴结合关系是从语言材料中总结出来的，而规则系统可利用计算机学习程序进行归纳推理而推证出来。

这个模型可以用来析句。析句过程也叫作句法分析过程。因为句子在语言中是相对独立的语义群体，所以，析句是语言理解的基础。汉语句子不但是一个层次分明的结构体，同时也是一个以若干个中心词为核心的聚合体，析句的目的就是辨明句子中各种语言结构的层次和相互关系，从而确定各种语言成分的功能和它们内在的逻辑联系。

析句过程一般可分为下述五个步骤：

① 在辨词的基础上，从机器中文词典中，查出中文句子中的每一个词的范畴符号，把这些范畴符号按顺序连接而成中文句子的范畴符号线性表达式。

② 借助于语标和语链划分语段。

所谓语标，就是具有标记语法特征作用的词，如“的、了、着、地”等。语标一般都是虚词，可以在汉语拼音前面加 ' 号表示，如用 'LE 表示“了”，用 'ZHE 表示“着”，用 'DE 表示“的”，用 'DI 表示“地”，用 'DER 表示“得”。

语标还包括指别词和语气词。指别词如“这、那、一个”等，语气词如“啊、吗、呢”等。

另外，副词和数量词也往往可以起到语标的作用。

这些语标的数量不很多，但出现很频繁。

在析句过程中，可以标示语法特征，帮助辨识句子。

所谓语链，就是把不同的语段联系起来的词语，如“或、和”等连词以及“对、对于”等介词，都是语链。连词语链用汉语拼音前后加～号来表示，如“～ HE ～”表示“和”，“～ HO ～”表示“或”；介词语链用汉语拼音后面加～号来表示，如“DUI ～”表示“对”，“DUIY ～”表示“对于”。

③ 使用重写规则进行范畴组合和层次分析，这个分析过程实际上是一个以模式为引导的推理过程。

④ 在分析的高层次上，辨别不同的句型。

⑤ 最后得到中文句子的分析式，以树的形式表示出来。

例如，“春天来了”这个句子，其分析步骤为：

① 查出“春天”的范畴为 M,“来”的范畴为 D。

② “了”是语标,记为 'LE。

故这个句子的线性表达式为

M　D　'LE

因为 'LE 是语标,它与前面的范畴 D 可组成一个语段。

③ 有如下的重写规则:

a.（D　'LE）→ V

b.（N　V）→（S　P）

c.（S　P）→ ST

这里,V 表示动词,N 表示名词,S 表示主语,P 表示谓语,ST 表示句子,其他符号在范畴符号系统中已定义过。

用重写规则ⓐ把（D　'LE）组成 V,用重写规则ⓑ把（N　V）组成（S　P）,再用重写规则ⓒ把（S　P）组成 ST。

④ 在分析的高层次上,可辨识这是一个由主语 S 和谓语 P 构成的主谓句。

⑤ 最后,得到这个句子的树形表达式如图 4.1 所示:

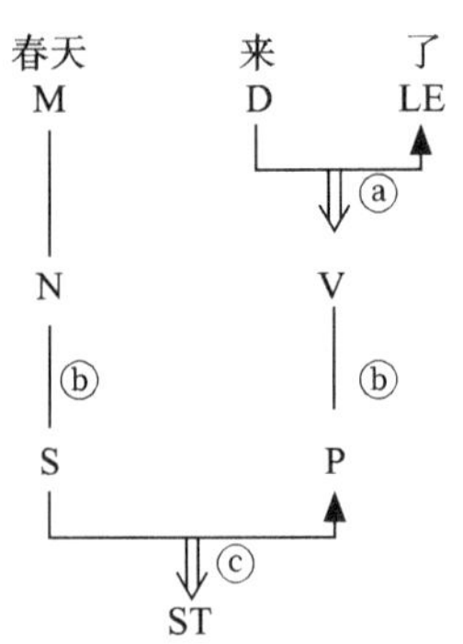

图 4.1　句子的树形表达式之一

图 4.1 中的树形表达式是一个叶在上、根在下的树形表达式,在树形表达式中注出了所用重写规则的号码。

还可以把重写规则加以扩充。例如,还可以再增加如下几条:

d.（A　'DI）→ ADV

e.（D　'ZHE）→ V

f.（N　VG）→（S　P）

g.（A　'DE）→ ADJ

h.（ADJ　N）→ NG

i.（V　N）→ VG

j.（NG　VG）→（S　P）

这里，ADV 表示副词，ADJ 表示形容词，NG 表示名词词组，VG 表示动词词组，其他符号的含义有如前述。

这样一来，就可以分析更为复杂的句子。

例如，"风轻轻地吹着" 这个句子的分析结果如图 4.2 中的树形表达式所示。

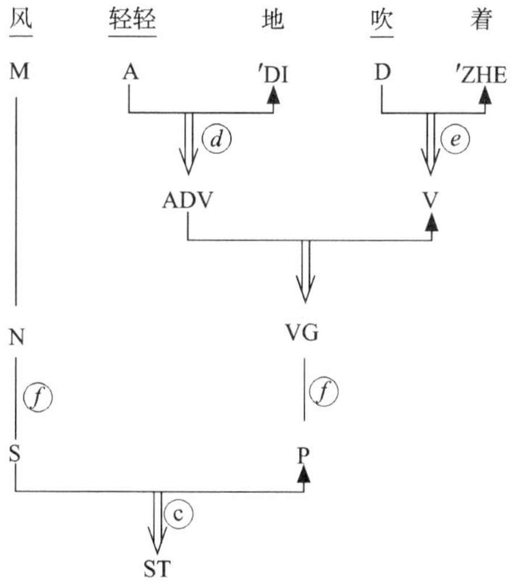

图 4.2　句子的树形表达式之二

又如，"温暖的阳光照耀着大地" 这个句子的分析结果如图 4.3 的树形表达式所示。

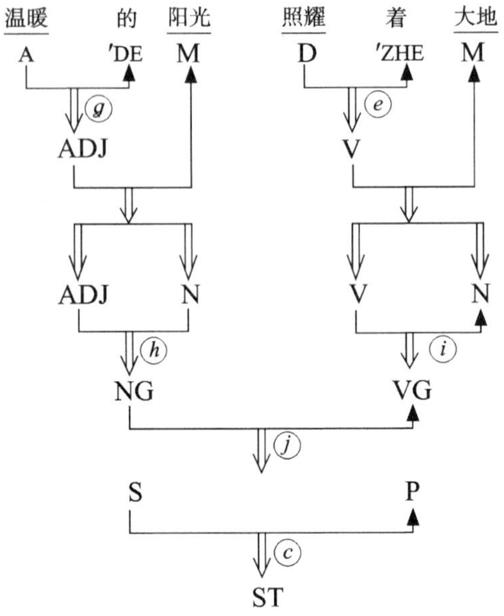

图 4.3 句子的树形表达式之三

2. 中文信息语义分析模型:

为了进行语义分析,首先要定义网、范畴关系、语核等概念。

网可以定义为一个五元式,用 W 表示:

W=(N, V, R, E, F)

其中,N 是网的结点集合,常取 N 为正整数集合的某一子集合,本集合的每一元素指标出一个结点。

V 是结点标识号的集合,本集合的每一元素表明结点的属性。

R 是弧线的标识号的集合,本集合的每一元素确定一种关系的性质。

E是带标识号的定向弧线集合，它是M与R的叉乘，记为

$$E=M\times R,$$

式中，$M=\{\langle i,j\rangle \mid (i\in N)\wedge(j\in N)\wedge(i\neq j)\}$，

$$1\leqslant i,j\leqslant |N|。$$

F是从N到V上的满映射，记为$F(N)\rightarrow V$。

语言具有模糊性和多义性，这是语言固有的特点，可是，语言一旦处于语言结构中，就会受到种种约束，这些约束，使得语言消除了模糊性和多义性，获得了明确性和单义性，从而实现其交际功能，研究这些约束，是辨义的主要内容。可见，语义分析与句法分析是密切不可分的，因此，网是以句法分析为前提的，只有在句法分析已获得结果的前提下，才能使用网来进行语义分析。

由结点和有向弧线组成的网，可以用来描述一个语义场，在这个语义场中，每个结点代表着一个概念符号，每条弧线表示一种定向关系。如果把有向弧线看成语言内部的信息流，指向被约束的对方，那么，信息流集中的若干个结点可以看作信息流的洼，它们是语义信息流的聚焦点，这些聚焦点就相当于句法关系中的中心词，借助于网的图形和语义场的概念，可以直观地看出句子中各个语义成分之间的相互关系。

范畴结构内各范畴之间的关系，可用巴科斯—瑙尔范式来定义：

R ∷ ={ 范畴关系 }

{ 范畴关系 } ∷ =〈定语关系〉|〈状语关系〉|

〈施受关系〉|〈判词关系〉|

〈衡词关系〉|〈数量关系〉|
〈逻辑关系〉|〈介词关系〉|
〈等拟关系〉

〈定语关系〉:: =—→

〈状语关系〉:: = ⟶

〈施受关系〉:: =⇐⇒

〈判词关系〉:: =〈‘S’〉|〈‘U’〉|〈‘Z’〉

〈衡词关系〉:: =←→

〈数量关系〉:: =〈SL—〉|〈S—〉|〈L—〉

〈逻辑关系〉:: =〈～～〉|〈～～〉〈～～〉

〈介词关系〉:: =〈R ～〉|〈～ P〉|〈R ～〉〈～ P〉

〈等拟关系〉:: =〈=〉|〈≃〉

语核是每个语词所代表的语义核心，采用规范化的世界语（Esperanto）词根来做语核的表达符号，并且定义：

V :: =〈语核〉

例如，用 unu 表示“一个”，用 knab 表示“孩子”，用 malgrand 表示“小”，用 eĉ 表示“甚至”，用 malrapidem 表示“慢”，用 parol 表示“说”，用 klar 表示“清楚”，用 tia 表示“那样”，用 profund 表示“深刻”，用 teori 表示“理论”，等等。

把网、范畴关系和语核结合起来，就构成了中文信息的语义分析模型。

中文信息的语义分析模型可以从中文句子的范畴结构式直接演绎出来，所以，它可用计算机来实现，从而把计算机对中文信息的理解从句法分析的水平提高到语义分析的水平。

所谓语义分析，就是用网来描绘语义场，揭示各语言成分之间的语义联系，从而正确地理解句子。语义分析过程可分六个步骤：

① 给出句子中每个词的顺序号，即

$N=\{1,2,3,...,n\}$

② 给出句子中每个词的语义符号——语核，即

$V=\{V_1,V_2,V_3,...,V_n\}$

③ 根据句法分析得出的句法表达式，确定每个语言成分的语位。在树形表达式中，可归结为同一结点的成分是同语位成分，从叶到根，语位逐渐降低，每通过一个结点，语位便降低一位。

④ 根据范畴关系依次确定同语位的两个语言成分的二元关系。

⑤ 列出句子的网表达式。

⑥ 根据网表达式，给出句子的语义网络图。

例如，"一个小小的孩子竟从容不迫地讲清楚了那么高深的理论"这个句子，首先给出句中各词的顺序：

一个	小小的	孩子	竟	从容不迫地	讲	清楚了	那么	高深的	理论
1	2	3	4	5	6	7	8	9	10

它的网表达式为

$W=(N,V,R,E,F)$

其中，$N=\{1,2,3,4,5,6,7,8,9,10\}$

V={unu, malgrand, knab, eĉ, malrapidem, parol, klar, tia, profund, teori}

R={— →, →, ⇐, ⇒}

E={ 〈1,3, — →〉,〈2,3,→〉,〈4,6 →〉,

〈5,6 →〉,〈6,3, ⇐〉,〈6,10, ⇒〉,

〈7,6 →〉,〈8,9— →〉,〈9,10, — →〉}

F: f(1)=unu, f(2)=malgrand, f(3)=knab,

f(4)=eĉ, f(5)=malrapidem, f(6)=parol,

f(7)=klar, f(8)=tia, f(9)=profund,

f(10)=teori.

为简单起见,这里不一一叙述上面六个步骤的详细分析过程,读者可试着去分析一下。经过语义分析,最后可得到如下的语义网络图:

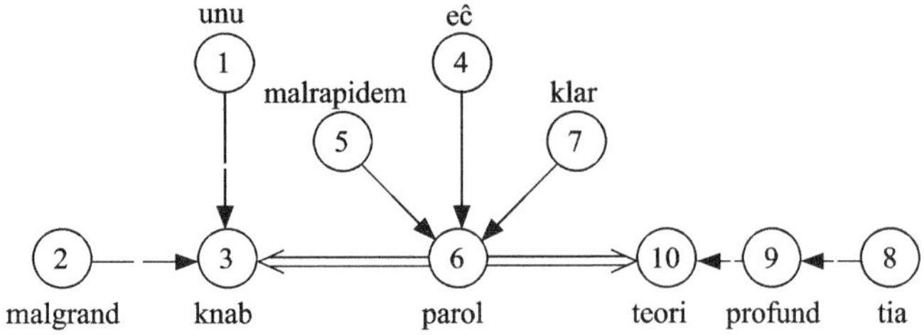

图 4.4 语义网络图

这个语义网络图表达了这个句子内部的信息流。其中,3、6、10 等结点是这个信息流中的洼,它们是该句子信息的聚焦点:"小孩(3)——讲(6)——理论(10)",结点 3 是结点 6 的施事,结点 10 是结点 6 的受事,在结点 3 这个洼上,还连接着结点 4、5、7,其中,结点 4、5 是结点 6 的状语,结点 7 也修饰结点 6,但因为它的顺序号比结点 6 的大,所以,它是结点 6 的补语; 在结点 10

这个洼上，顺次连接着结点9和结点8，结点9是结点10的定语，而结点8是结点9的定语。可以看出，这个语义网络正确地反映了句子中各个语言成分的语义联系。

中文信息五维模型还提出了字键试探切词法，我们在本书第六章第三节中已介绍过这种切词方法。

第三节　中文信息MMT模型

中国社会科学院语言文字应用研究所计算语言学处理研究室的冯志伟在研究多语言机器翻译的实践中，根据图论中的有关原理及乔姆斯基(N. Chomsky)的形式语言理论，吸取了国外计算语言学研究的新成果，特别是吸取了法国格勒诺布尔理科医科大学自然语言信息处理的先进经验，在采用多标记多叉树形图分析汉语句子的基础上，进一步提出了中文信息多标记多叉树形模型(Multi-label and Multi—branch Tree Model)，简称MMT模型。

1981年，冯志伟在法国格勒诺布尔理科医科大学应用数学研究所进修时，利用国外先进的技术设备，曾成功地进行过把汉语译为法语、英语、日语、俄语和德语的多语言机器翻译试验。试验采取独立分析、独立生成的办法，也就是独立地进行汉语的分析(分析时不考虑法、英、日、俄、德语)，独立地进行法、英、日、俄、德语的生成(生成时不考虑汉语)，分析和生成的接口处，进行双语言转换(汉法转换、汉英转换、汉日转换、汉俄转换、汉德转换)。这一试验引起了国外学者的广泛兴趣，成为国外许多机器翻译研究论文的讨论内容。

1985年，冯志伟根据上述的汉译外一对多机器翻译的经验，又在国内的IBM4331计算机上，进行了把德语和法语两种语言译为汉语的多对一机器翻译试验。试验仍然采用独立分析、独立生成的办法，独立地进行德语和法语的分析（分析时不考虑汉语），独立地进行汉语生成（生成时不考虑德语和法语），在分析和生成的接口处，进行德汉转换和法汉转换，通过一个单独的汉语生成程序来接收德汉转换和法汉转换的结果，最后生成合格的汉语句子作为译文输出。

汉译外一对多机器翻译的目的是把汉语译为五种外语，由于各种外语的语法结构各不相同，在汉外语转换时，它们要求的汉语语法信息也不尽相同，因此，必须详尽地进行汉语的分析，提供出尽可能多的汉语语法信息，以便针对五种外语的各自的特殊需要，充分地满足汉外语转换的要求，生成正确的外语译文。外译汉多对一机器翻译的目的是把德语和法语两种性质不同的外语译为汉语，独立地进行汉语生成，也必须对汉语做详尽充分的描述，提供出尽可能多的汉语语法信息。

根据汉译外一对多和外译汉多对一机器翻译系统的要求，在试验中应该提供出来的汉语语法信息可以归纳为以下六个方面：

① 关于汉语句子中各个词的词序的信息；

② 关于汉语句子的层次的信息；

③ 关于汉语句子中各个词的词类、形态、语义特征的信息；

④ 关于汉语句子中词组类型、句法功能（即句子成分）的信息；

⑤ 关于汉语句子中各个词之间或各个词组之间的语义关系的信息；

⑥ 关于汉语句子中各个词之间或各个词组之间的逻辑关系的信息。

上述各语法信息中，词序反映的是句子中词的线性排列顺序，这是句子的几何性质；层次反映的是句子中词的空间层次关系，这也是句子的几何性质。我们把词序和层次统称为句子的几何值。词类、形态特征、语义特征、词组类型、句法功能、语义关系、逻辑关系等，反映的是句子中词或词组的代数性质，我们把它们统称为句子的代数值。

可见，所谓“提供出尽可能多的汉语的语法信息”，也就是提供出尽可能多的汉语句子的几何值和代数值。

然而，目前在现代汉语句法分析中所用的“层次分析法”和“中心词分析法”（或称为“句子成分分析法”）都不可能充分地提供出上述语法信息。

层次分析法能提供出句子的词序和层次方面的信息，可以较完满地反映句子的几何值，可是，它只能提供出为数有限的句法功能信息，不能充分地反映出句子的代数值。

中心词分析法能提供较多的句法功能信息，但它很少能提供出词类、形态特征，语义特征、词组类型等方面的信息，更不能提供出词与词之间或词组与词组之间的语义关系、逻辑关系的信息，它提供的有关句子的代数值是很不充分的；至于句子的几何值，中心词分析法几乎不能给我们提供多少有用的信息，这种分析法采用的图解法，只保持住句子中的中心词的词序，其他非中心词的词序往往被图解者人为地打乱了，有时它甚至会提供出错误的几何信息。

可见，不论是层次分析法或是中心词分析法，都只反映了句子语法信息的一个侧面。一般地说，层次分析法比较注意句子的几何值，中心词分析法比较注意句子的代数值，它们都不可能充分地反映句子的多方面的语法信息。

这样看来，在汉译外和外译外的多语言机器翻译系统中，不论是采用层次分析法或是采用中心词分析法都各有其片面性。因此，必须把层次分析法和中心词分析法结合起来，采用多标记多叉树形图分析法（multi-label and multi-branch tree analysis method）。这种分析法既能表示句子的几何值，又能表示句子的代数值。实践证明，这种分析法提供的汉语语法信息，已经能满足汉译外和外译汉的多语言机器翻译的需要。

下面，我们来说明这种多标记多叉树形图分析法的理论根据及基本原理。

1. 树形图：

语言中的任何一个句子的表层形式之下都隐藏着一个树形图。

例如，"铝是一种重要的金属"这个句子，从表面上看来它只是一个由汉语的词按先后次序线性地排列起来的前后相续的符号串，可是，在这个表层的线性符号串的下面，却隐藏着一个层次分明的非线性的树形图，如图 4.5 所示。

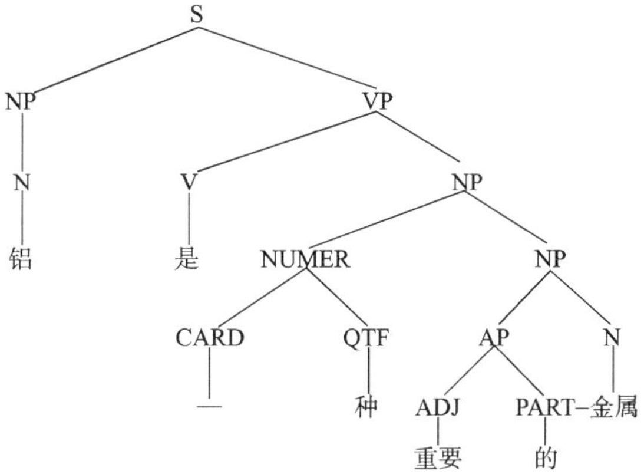

图 4.5　树形图

图 4.5 中, S 表示句子, NP 表示名词词组, VP 表示动词词组, AP 表示形容词词组, NUMER 表示数量词组, N 表示名词, V 表示动词,CARD 表示数词,QTF 表示量词,ADJ 表示形容词, PART 表示助词。它们都是标记。

树形图由结和连接结的枝组成。每一个结有一个标记,其中,有的标记是表示词组类型或词类的,如 S、NP、VP、V、N 等,它们不出现在具体的句子的线性符号串中,称之为非终极标记;有的标记是表示语言中具体的词的,如“铝”“是”“一”“种”等,它们能出现在具体的句子的线性符号串中,称之为终极标记。

树形图中各个结点之间,有两种关系值得注意:一种是支配关系,一种是前于关系。

如果在树形图中从结 x 到结 y 有一系列的枝把它们连接起来,而且从 x 到 y 的所有的枝有着同一方向,那么,我们就说结 x 支配结 y。例如，图 4.5 的树形图中，标有 VP 的结支配标有 NUMER 的结，因为连接结 VP 与结 NUMER 的枝都一律从较高的结 VP 降到较低的结 NUMER。但是，标有 VP 的结不支配标有“铝”的结，因为连接这两个结的枝首先要从结 VP 升到结 S，再从结 S 通过结 NP 及结 N 降到结“铝”。当 x 支配 y 时，y 就叫作 x 的后裔(descendants)。

如果结 x 与结 y 是相异的，x 支配 y，而且，x 与 y 之间没有另一个相异的结，那么就说，x 直接支配 y，在图 4.5 中，标有 VP 的结直接支配标有 V 的结，但不直接支配标有 NUMER 的结。当结 x 直接支配结 y 时，结 y 就叫作结 x 的直接后裔或儿子。被同一个结直接支配的相异的结，叫作兄弟。图 4.5 中，标有 VP 的结有两个直接后裔，即标有 V 的结和右边的标有 NP 的结，V 和 NP 这两个结是兄弟。支配关系中不被任何其他的结支配的结，叫作根(root)。在图 4.5 中，标有 S 的结就是根。被其他结支配而不支配任何其他结的结，叫作叶(leaves)。图 4.5 中，标有终极标记“铝”“是”等的那些结都是叶。一般说来，树形图是从上到下画出的，所以，根总是在顶部，叶总是在底部。这种画法与中文信息五维模型中树形表达式的画法不一样。

树形图中的两个结，只有当它们之间没有支配关系的时候，才能在从左到右的方向上排序。这时，在这两个结之间，就存在前于关系，左边的结前于右边的结。在图 4.5 的树形图中，标有“铝”的结前于标有 VP 的结以及所有被 VP 支配的结，因为结 VP 与“铝”之间不存在支配关系。但标有“铝”的结不能前于支配它的 NP 及 N 等结。可见，支配关系同从左到右的前于关系是相互排斥的，也就是说，在树形图中，如果两个结 x 与 y 之间存在前于关系，那么，x 与 y 之间必定不能存在支配关系，并且，如果 x 前于 y，则由 x 支配的所有的结都前于由 y 支配的所有的结。

根据树形图的这些性质，我们从树形图上可以看出，一个树形图可以向我们提供如下三个方面的语法信息：

第一，句子中各个词的顺序：我们只要把树形图的各个叶，按从左到右的前于关系排列起来，使得到了该树形图所表示的句子的词序。在图 4.5 的树形图中，把各个叶按从左到右的前于关系排列起来，便得到了“铝是一种重要的金属”这样的词序，显而易见，这些叶之间是不存在支配关系的。

第二，句子的层次：一个结的直接后裔，就构成了这个结的直接成分，这样，在树形图中，根据结之间的直接支配关系，便可看出句子的层次关系。例如，图 4.5 的树形图中，结 S 的直接后裔是左边的结 NP 与结 VP，这样，左边的结 NP 与结 VP 便构成了结 S 的直接成分；结 VP 的直接后裔是结 V 和右边的结 NP，则结 V 及右边的结 NP 便构成了结 VP 的直接成分，等等。可见，树形图形象地表示了句子在空间上的层次关系。

第三，词组信息和词类信息：在树形图中，每一个结有一个相应的标记，结与标记之间的这种对应，可用标记函数 L 来表示。

函数 L 可写为：

$$L(x)=y.$$

其中，x 表示结，y 表示结 x 相应的标记。显然，在图 4.5 的树形图中，标记函数 L 是一个单值函数，这种树形图是一个单标记树形图。在单标记树形图中，非终极标记表示词组信息和词类信息，终极标记表示具体的词。由于这种单标记树形图的每一个结点只有一个标记，它表示的语法信息是很有限的。

由此可见，单标记树形图可以给我们提供词序和层次等句子的几何值，它提供的几何值是比较全面的，但是，它提供给我们的句子的代数值则比较少，我们只能从中了解到词组信息和词类信息，而不能从中了解到句法功能、语义关系、逻辑关系等重要的语法信息。

现代汉语研究中的层次分析法实质上就是用单标记树形图表示句子结构的一种方法。不过，在层次分析法中，标记不是用的 NP、VP 等“词组类型”和 N、V 等“词类”，而是用“句子成分”，如主语、谓语、宾语、定语、状语、补语等，从而把句子或词组的结构分为主谓结构、述宾结构、述补结构、偏正结构、联合结构等等，这在一定程度上体现了汉语句法结构的特点。但是，尽管做了这样的改进，层次分析法所表示的有关句子的代数值也是很有限的。

2. 单标记树形图与上下文自由文法：[①]

乔姆斯基把生成文法 G 定义为一个四元组

$$G=(V_N, V_T, S, P)$$

其中，V_N 表示非终极符号，它们不能出现在生成的终点；

V_T 表示终极符号，它们只能出现在生成的终点；

S 是初始符号，它是生成的起点；

P 是重写规则，如果 G 是上下文自由文法，P 的形式为

---

① 本书中，“文法”这个术语专指用于生成语言中各种句子的规则系统，与“语法”的含义不尽相同。“上下文自由文法”又叫作“上下文无关文法”。

$A \rightarrow \omega$

这里,A 是单独的非终极符号, ω 是符号串,它可以由非终极符号组成,也可以由终极符号组成,也可以由非终极符号与终极符号共同组成。

例如,可提出如下的上下文自由文法 G=(V_N,V_T,S,P)来生成汉语句子"铝是一种重要的金属"。

V_N={S, Np, VP, NUMER, AP, N, V, ADJ, CARD, QTF, PART}

V_T={ 铝,金属,是,一,种,重要,的 }

S={S}

P: i. $S \rightarrow NP \frown VP$

ii. $NP \rightarrow N$

iii. $VP \rightarrow V \frown NP$

iv. $NP \rightarrow NUMER \frown NP$

v. $NP \rightarrow AP \frown N$

vi. $NUMER \rightarrow CARD \frown QTF$

vii. $AP \rightarrow ADJ \frown PART$

viii. N → { 铝,金属 }

ix. V → { 是 }

x. CARD → { 一 }

xi. QTF → { 种 }

xii. ADJ → { 重要 }

xiii. PART → { 的 }

利用重写规则,从初始符号 S 开始进行生成,得出如下的生成过程:

S	所用规则
NP ⌢ VP	i
NP ⌢ V ⌢ NP	iii
NP ⌢ V ⌢ NUMER ⌢ NP	iv
NP ⌢ V ⌢ NUMER ⌢ AP ⌢ N	v
N ⌢ V ⌢ NUMER ⌢ AP ⌢ N	ii
N ⌢ V ⌢ CARD ⌢ QTF ⌢ AP ⌢ N	vi
N ⌢ V ⌢ CARD ⌢ QTF ⌢ ADJ ⌢ PART ⌢ N	vii
铝⌢ V ⌢ CARD ⌢ QTF ⌢ ADJ ⌢ PART ⌢ N	viii
铝⌢是⌢ CARD ⌢ QTF ⌢ ADJ ⌢ PART ⌢ N	ix
铝⌢是⌢一⌢ QTF ⌢ ADJ ⌢ PART ⌢ N	x
铝⌢是⌢一⌢种⌢ ADJ ⌢ PART ⌢ N	xi
铝⌢是⌢一⌢种⌢重要⌢ PART ⌢ N	xii
铝⌢是⌢一⌢种⌢重要⌢的⌢ N	xiii
铝⌢是⌢一⌢种⌢重要⌢的⌢金属	viii

这样,便生成了"铝是一种重要的金属"这个句子。

乔姆斯基证明了,上下文自由文法是一种生成自然语言的有效方法。这种方法不仅能反映出句子中词的顺序,而且还能反映出句子的层次关系。这种方法从理论上说明了,看两个句子是否具有同一性,不仅要看组成这两个句子的词形是否相同,词序是否相同,而且,还要看这两个句子的层次构造是否相同。因此,乔姆斯基的上下文自由文法比之于一般仅从词序来说明句法结构的理论深刻得多,我们可以把它看成是层次分析法在数学上的解释,在这个意义上,我们可以说,上下文自由文法是层次分析法的理论基础。层次分析法虽然早在 1947 年就由美国语言学家威尔斯(K. S. Wells)提出,但直到 20 世纪 50 年代中期，乔姆斯基才以数学上严格地论证了这种分析法的原理。

上下文自由文法与单标记树形图之间存在着有趣的对应关系。

设 G=（V_N,V_T,S,P）是上下文自由文法，如果有某个单标记树形图满足下列条件，那么，这个单标记树形图就是上下文自由文法 G 的推导树：

① 每一个结有一个标记，这个标记或者是非终极符号，或者是终极符号，也就是说，这个标记是集合 $\{V_N U V_T\}$ 中的符号；

② 根的标记是 S；

③ 如果结 n 至少有一个异于其本身的后裔，并有标记 A，那么，A 必定是非终极符号，即 $A \in \{V_N\}$；

④ 如果结 $n_1, n_2, ..., n_k$ 是结 n 的直接后裔，从左向右排列，其标记分别为 $A_1, A_2, ..., A_k$，也就是树形图中有这样的子树形图，那么 $A \rightarrow A_1A_2...A_k$ 必是 p 中的重写规则。

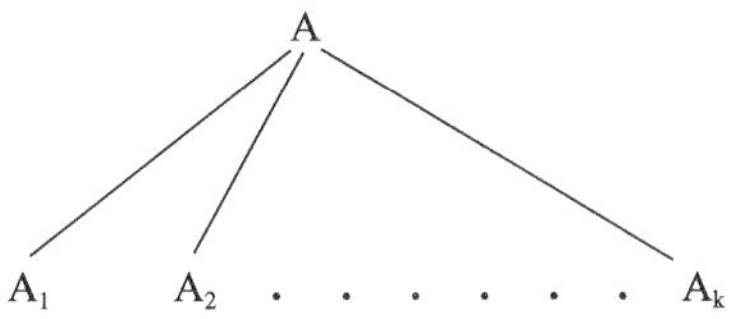

我们来比较前面图 4.5 中举出的单标记树形图与我们刚才所示的文法 G。

在图 4.5 的单标记树形图中，根的标记是 S；标记为 S、NP、VP、AP、NUMER、V、N、CARD、QTF、ADJ、PART 的结都至少有一个异于其本身的后裔，所以，它们都属于 V_N，是非终极符号；结 S 的直接后裔是 NP 和 VP，所以 S → NP ⌒ VP 是 P 中的重写规则，结 VP 的直接后裔是 V 和 NP，所以，VP → V ⌒ NP 是 P 中的重写规则，结 NP 的直接后裔是 NUMER 和 NP，所以，NP → NUMER ⌒ NP 是 P 中的重写规则，等等。由此可见，

图 4.5 中的那个单标记树形图，满足文法 G 的推导树所要求的各个条件，它就是文法 G 的推导树。

由此可以看出，单标记树形图与作为层次分析法的基础理论的上下文自由文法有着对应关系，所以，单标记树形图与层次分析法在本质上有着共同之处，这种单标记树形图，当然不能全面地表示句子的语法信息。

3. 二分法与多分法：

上下文自由文法的重写规则形式为

$$A \to \omega$$

其中，ω 是符号串，它可以由两个符号组成，也可以由一个符号组成，也可以由两个以上的符号组成。可见，上下文自由文法是允许多分的，二分只不过是多分的一种特殊情况而已。

在语言学史上，不少语言学家指出过语法结构具有二分的特性。我国著名语言学家马建忠在《马氏文通》中提出“两端两语说”，指出，“盖意非两端不明，而句非两语不成。”美国语言学家奈达（E. A. Nida）在《形态学》中指出：“根据经验，我们发现语言结构倾向于二分”。① 弗里斯（C. C. Fries）在《英语结构》中指出：“在英语里，一个层次通常只有两个成分，当然，每一个成分都可以由好几个单位组成，不过在同一层次上，结构的直接成分通常只有两个。”②

乔姆斯基根据自然语言的这种二分特性，把上下文自由文法的重写规则形式 $A \to \omega$ 改写为

---

① E. A. Nida《Morphology》，1949 年，p.91—93。

② 弗里斯《英语结构》，中译本，商务印书馆，1964 年，p.264。

$$\begin{cases} A \rightarrow BC \\ A \rightarrow a \end{cases}$$

这样的二元形式，其中，A、B、C 都是非终极符号，a 是终极符号。具有这种二分形式的重写规则，称为乔姆斯基范式。

乔姆斯基从理论上证明了，任何具有形式为 $A \rightarrow \omega$ 的重写规则的上下文自由文法，都可以改写为等价的具有二分性质的乔姆斯基范式。① 这告诉我们，二分的乔姆斯基范式与多分的上下文自由文法的一般重写规则，并没有什么实质性的区别，它们都是可以表达语言的层次关系的。

在我国语言学界，不少的层次分析法论者主张，层次分析法要坚持二分法，不能搞多分法。甚至有的语法学家提出，多分法就是中心词分析法，二分法就是层次分析法，把二分法与多分法对立起来②。这样的看法，在理论上是缺乏根据的。乔姆斯基在形式语言的研究中，早已清楚地说明了二分法和多分法在本质上的联系。乔氏这一工作，计算机科学界是注意到了，可惜我国语言学界尚未充分地注意到。实际上，自然语言中有许多结构是不能二分的。既然二分法与多分法在理论上是一致的，我们为什么一定要拘泥于二分法，无端地把多分法排斥在层次分析法的范围之外呢？因此，我们主张采用多叉的树形图来表示语言的句法结构，而把二叉的树形图看作多叉的树形图的一种特殊情况。

---

① 详细证明请参看：J. E. 霍普克罗夫特等著《形式语言及其与自动机的关系》（中译本），科学出版社，1979 年，p.68。

② 详细论点可参看：高更生《汉语语法问题试说》，山东人民出版社出版。

如果采用多分法，“铝是一种重要的金属”这个句子的结构就可以用下面的多叉树形图来表示(见图 4.6)：

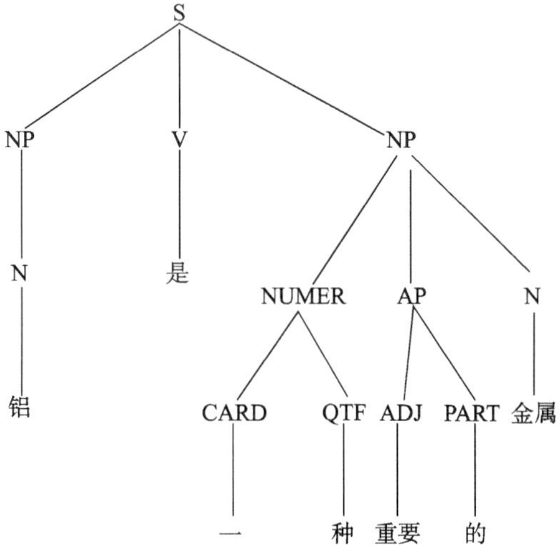

图 4.6　多叉树形图

同这个多叉树形图相对应的上下文自由文法的重写规则 P 为：

$$S \rightarrow NP \frown V \frown NP$$

$$NP \rightarrow N$$

$$NP \rightarrow NUMER \frown AP \frown N$$

$$NUMER \rightarrow CARD \frown QTF$$

$$AP \rightarrow ADJ \frown PART$$

$$N \rightarrow \{\text{铝},\text{金属}\}$$

$$V \rightarrow \{\text{是}\}$$

$$CARD \rightarrow \{\text{一}\}$$

QTF → { 种 }

ADJ → { 重要 }

PART → { 的 }

规则 $S \to NP \frown V \frown NP$ 及规则 $NP \to NUMER \frown AP \frown N$ 是三分的，但它们仍然满足上下文自由文法的重写规则 $A \to \omega$ 的要求，因为这个 ω 可以是任意的符号串，$NP \frown V \frown NP$ 和 $NUMER \frown AP \frown N$ 当然可以看成是 ω。

根据乔姆斯基范式重写规则的要求，我们可以把这个与多叉树形图相对应的上下文自由文法改写为二分形式的上下文自由文法，这只要把其中的三分的重写规则改为二分的重写规则就行了。

为此，我们把 $S \to NP \frown V \frown NP$ 改写为

$$\begin{cases} S \to NP \frown VP \\ VP \to V \frown NP \end{cases}$$

我们把 $NP \to NUMER \frown AP \frown N$ 改写为

$$\begin{cases} NP \to NUMER \frown NP \\ NP \to AP \frown N \end{cases}$$

用这样改写后的二分的重写规则来代替与多叉树形图相对应的上下文自由文法中的三分的重写规则，便得到前面举出的二分的上下文自由文法，而这个上下文自由文法是与二叉树形图相对应的。这说明了，多叉树形图与二叉树形图是等价的，因此，我们可以采用多叉树形图这种形式来表示语言结构的层次。

所谓“多叉”,可以是“三叉”“四叉”,也可以是“二叉”“一叉”,“多叉”是一种更为一般的形式,而“二叉”只不过是当“多叉”的“多”等于“二”时的一种特殊情况罢了。

当然,在用多叉树形图来表示句子结构时,能用二分法的地方,我们可以按照传统,仍然用二分法。但是,在许多情况下,我们应该采用多分法。例如:

① 兼语式和连动式:

我们 | 请 | 他 | 做报告

他 | 上街 | 买菜

② 状谓宾式:

认真 | 学习 | 科学知识

③ 双宾语:

给 | 弟弟 | 一本书

④ 含有多项并列修饰语的偏正结构:

一些 | 与此有关的 | 重要 | 问题

⑤ 主谓补式:

衣服 | 洗得 | 干净

但述补结构不作谓语时,述语和补语之间采用二分。

⑥ 框形结构:

在 | 工作 | 中

在框形结构中,介词“在”和方位词“中”构成一个框子“在——中”,中间可以插入名词词组或动词词组。

在这些情况下,采用多分法的好处是:

第一,可以更加合理地解释语言现象:例如,“请他做报告”中,“他”作“请”的宾语,又作“做报告”的主语,一身而二任,如果采用二分法,在树形图上就会发生交叉现象,破坏树形图的结

构，采用多分法分析为“请 | 他 | 做报告”，便不会发生交叉现象。“给弟弟一本书”中，“给”有两个宾语，采用三分法分析，也防止了树形图中出现交叉现象。又如，在“认真学习科学知识”中，如采用二分法，很难决定是分析为“认真 | 学习科学知识”，还是分析为“认真学习 | 科学知识”，因而在二分时就会出现切分方法上的分歧，如采用多分法，分析为“认真 | 学习 | 科学知识”，便可消除这种分歧，从而使分析结果更有说服力。

第二，可以在编制程序时减少程序量：一些长句子，如采用二分法，层次会多到十层八层，计算机在处理这样的多层次的树形图时，需逐层进行搜索，程序的编写十分复杂，运算量也很大，而采用多分法，大大减少了层次，提高了计算机处理语言的工作效率。

第三，可以抓住句子的主干，把句子的格局清楚地显示出来，便于研究和检查。

可见，采用多叉树形图来表示句子的几何值，既可以反映句子的层次关系，又克服了二叉树形图的若干缺陷。多叉树形图在理论上是符合上下文自由文法的要求的，在实践上也更为合理、更为有效、更为方便。

4. 多值标记函数：

单标记树形图的标记函数 L（x）=y 是一个单值函数，一个结 x 只对应于一个标记 y。在乔姆斯基的上下文自由文法中，这样的标记仅只是 S、NP、VP、V 等词类和词组类型，并不能表示出句子的其他大量的语法信息。现代汉语研究中的层次分析论者把标记改为主语、谓语、宾语、定语、状语、补语等句子成分，可以在一定的程度上反映出句子的句法功能，但是，由于树形图是单标记的，标上句子成分之后，在有关结点上，就不能再标上词类和词组类型的信息，至于语义关系、逻辑关系等信息，就更不可能标示出来了。可见，一对一的单值标记函数，在表示句子的语法信息方面，有着很大的局限性。

著名的瑞士语言学家索绪尔（F. De Saussure）在其名著《普通语言学教程》中早就指出，语言是"一种只有复杂项的代数"①。他说："语言的实际情况使我们无论从哪一方面去进行研究，都找不到简单的东西；随时随地都是这种相互制约着的各项要素的复杂平衡。"② 每个符号孤立地看，可以认为是简单项，但是从整体来看，则每个符号都是复杂项。索绪尔的看法是十分正确的。正因为这样，我们在树形图上采用多个标记而不采用单个标记，以此来表示语言符号这个复杂项。为此，我们提出多值标记函数

$$L(x)=\left\{\begin{matrix} y_1 \\ y_2 \\ \cdots \\ y_n \end{matrix}\right\}$$

采用这样的函数，树形图中的一个结 x，不再仅仅对应于一个标记，而是对应于若干个标记 $\{y_1, y_2, \ldots, y_n\}$。在同一个结点上采用多个标记，便大大地提高了树形图的标记功能，使得树形图的各个结上，都能记录尽可能多的语法信息，从而更加充分地表示句子的代数值。

在中文信息 MMT 模型中，我们采用的标记有下述六个方

① 索绪尔《普通语言学教程》（中译本），商务印书馆，1982 年，p.169。

② 同上。

面的信息，分别、相当于 y_1、y_2、y_3、y_4、y_5、y_6。

① 汉语的词类信息和词组类型信息（相当于 y_1）：

把现代汉语的词分为 18 个词类：

a. 名词：如"学生、道德"。

b. 处所词：如"北京、邮局"。

c. 方位词：如"上、里、上头、西边"。

d. 时间词：如"今天、从前、星期日"。

e. 区别词：如"金、银、特级、新式"。

f. 数词：如"一、二、三"。

g. 量词：如"个、块、条"。

h. 体词性代词：如"我、谁、什么、这、那"。

i. 谓词性代词：如"这么、怎么、那么样"。

j. 动词：如"来、去、写、吃、研究"。

k. 形容词：如"红、干净、多"。

l. 副词：如"已经、再、就"。

m. 介词：如"把、被、从、连"。

n. 连词：如"和、或、不但、虽然"。

o. 助词：如"的、得、所"。

p. 语气词：如"啊、吗、呢"。

q. 拟声词：如"哗啦、叮当"。

r. 感叹词：如"哎、呀、哦"。

每种词类还可以再分次类。如动词可以分为及物动词和不及物动词两个次类，形容词可以分为性质形容词和状态形容词两个次类。

为便于计算机处理，我们把标点符号与公式也各算为一个词类，这样一来，共有 20 个词类。

把现代汉语的词组类型分为动词词组、形容词词组、名词词组、数量词组等 4 类。把传统语法中的介词词组并入名词词组，因为从语言信息处理的角度看来，介词词组中的介词实际上只不过是它后面的名词词组的功能的一种标志，因此，并入名词词组处理起来更为方便。

② 汉语单词的语义类别信息（相当于 y_2）：

语义类别是指单词本身固有的语义类别，它表示的是孤立的单词的语义，而不是词与词之间的语义关系。

在现代汉语中，语义类别有如下 9 类：

a. 物象：又可分为生物、无生物、机关组织 3 个次类。

b. 现象：又可分为自然现象、人工现象、社会现象、力能现象 4 个次类。

c. 物资：又可分为原材料、设备、产品 3 个次类。

d. 时空：又可分为时间、空间 2 个次类。

e. 组分：又可分为部分、要素 2 个次类。

f. 测度：又可分为数量、单位、标准 3 个次类。

g. 抽象：又可分为学问、概念、符号 3 个次类。

h. 属性：又可分为性质、形状、关系、结构 4 个次类。

i. 行动：又可分为动作、行为、操作 3 个次类。

这些语义类别都可以标在词典中孤立的单词上面，成为单词本身的语义属性。

例如："老虎"一词的语义类别是"物象；生物"；"机床"一词的语义类别是"物资：设备"；"数学"一词的语义类别是"抽象：学问"；"公斤"一词的语义类别是"测度：单位"。

③ 汉语单词的语法特征信息(相当于 y_3):

孤立的汉语单词也具有语法特征。例如,不同的名词要求不同的量词,不同的动词有不同的价(Valence)。动词的价虽是孤立的动词本身的特征,但由于"价"反映了动词对其前后词语的要求,所以,它对于汉语的句法语义分析是至关重要的。我们把动词分为一价动词、二价动词、三价动词3种。一价动词如"咳嗽",它只能有一个主语,二价动词如"写",它可有一个主语和一个宾语,三价动词如"给",它可有一个主语、一个直接宾语、一个间接宾语。

④ 汉语单词或词组的句法功能信息(相当于 y_4):

现代汉语中的词类或词组类型与它们的句法功能之间没有明确的对应关系,它们之间的关系是错综复杂的。例如,NP+VP这样的词组类型组成的结构,在英语中一般NP是主语,VP是谓语,汉语则不然,NP与VP除了可以组成主谓结构之外,还可以组成偏正结构,例如在"中国建设"这个词组中,"中国"是NP,"建设"是VP,可是,"中国"不是主语而是定语,"建设"不是谓语而是中心语,其他如"语言研究""语文学习"等,都是由NP与VP组成的结构,但它们都不是主谓结构,而是偏正结构。又如,VP+NP这样的词组类型组成的结构,在英语中一般VP是述语,NP是宾语,汉语则不然,VP与NP除了可以组成述宾结构之外,也可以组成偏正结构。例如在"出租汽车"这个词组中,"出租"是VP,"汽车"是NP,可是,"出租"不是述语而是定语,"汽车"不是宾语而是中心语,其他如"上班时间""劳动制度"等,都是由VP和NP组成的结构,但它们都不是述宾结构,而是偏正结构。

所以，如果只在树形图中的有关结点上标上词类或词组类型，并不足以说明问题，还必须标记以句法功能，在句法分析中，把词类或词组类型以及句法功能分别作为不同性质的标记来处理。

句法功能信息也就是句子成分。我们把汉语的句子成分分为主语、谓语、宾语、定语、状语、补语、述语和中心语8大类。其中，“中心语”这个句子成分常为一般语法研究者所忽略，其实它是偏正结构中不可缺少的要素，在句法分析中是不容忽视的。汉语形容词的句法功能最为广泛，它能够与主语、谓语、宾语、补语、定语、状语、中心语等句子成分相对应，在句法分析中必须仔细地辨别它的句法功能。

⑤　汉语词与词或词组与词组之间的语义关系信息（相当于 y_5）：

语义关系表示的不是单词本身的固有的语义类别，而是在计算机自动地进行句法语义分析过程中，通过运算得出的关于单词之间或词组之间的语义关系。孤立的一个单词只有语义类别，谈不上语义关系，只有两个或两个以上的词或词组才会产生语义关系。

语义关系主要有：施事、受事、关涉、时刻、时段、时间起点、时间终点、空间点、空间段、空间起点、空间终点、初态、末态、原因、结果、工具、方式、目的、条件、作用、内容、范围、论题、修饰、比较、伴随、程度、判断、陈述、附加等共30类。

在树形图中，同一个结点的各个直接后裔之间都存在着语义关系，这种语义关系一般应标记在各个直接后裔的先辈结点上。

现代汉语中，词类或词组类型的句法功能与语义关系也没有明确的对应关系。一个主谓结构，其中的主语可以是施事（如“我开门”），也可以是受事（如“门开了”）、工具（如“钥匙开门了”）、时刻（如“三点开门”）、空间点（如“图书馆开门了”）等等。一个述宾结构，其中的宾语可以是受事（如“开门了”）、施事（如“晒太阳”）、工具（如“吃大碗”）、空间起点（如“离开上海”）、空间终点（如“到达北京”）等等。“考”这个动词后加 NP 构成的述宾结构，这些 NP 与“考”的关系是错综复杂的。在“考学生”中，“学生”是“考”的受事；在“考数学”中，“数学”是“考”的范围；在“考北大”“考出国”中，“北大”“出国”是“考”的目的；在“考研究生”中，“研究生”是“考”的结果（这个短语有歧义，在一定的环境下，“研究生”也可以是“考”的受事）；在“考一百分”中，“一百分”是“考”的另外一种形式的结果，是考试的成绩；在“考王力”中，如果“王力”是指我国著名语言学家王力，那么，“考王力”显然是指“考”了之后成为“王力的研究生”，这里，“王力”代替了“王力的研究生”，它是“考”的结果，如果“王力”是某一个普通学生的名字，那么，“考王力”显然是指王力是一个被“考”的学生，这个学生要接受考试，这时“王力”是“考”的受事。

正因为汉语中句法功能与语义关系之间的对应是如此地纵横交错，句法功能远远不足以阐明汉语句子的含义，所以，在多标记树形图中，语义关系也是一个不可缺少的极为重要的标记。

⑥ 汉语词与词或词组与词组之间的逻辑关系信息（相当于 y_6）：

如果把汉语的句子看成一个逻辑命题，那么，在逻辑命题的谓词和它的各个主目(argument)之间还存在着逻辑关系。由于逻辑命题的主目在句子中是由词或词组来充当的,因而在句子中,词与词或词组与词组之间还存在着逻辑关系,这种关系就是乔姆斯基所说的角色关系(θ-relation)。

逻辑关系主要有四种标记:

a. 主目 ϕ: 它是句子的深层主语;

b. 主目 1: 它是句子的深层直接宾语;

c. 主目 2: 它是句子的深层间接宾语;

d. 谓词: 它是命题中表示主目的性质的词。

在树形图中标记出逻辑关系,可以从逻辑上更好地说明句子的含义。

在上述各种信息中,词类信息和词的语义类别信息以及词的语法特征信息,都是可以在词典中直接地、独立地给出来的,它们是单词本身固有的信息,我们把这些信息叫作静态信息。而词组类型信息、句法功能信息、语义关系信息以及逻辑关系信息,它们表示已不是孤立的单词本身的固有信息,而是单词与单词或者词组与词组之间发生联系时产生出来的信息,这些信息是不能在词典中给出来的,我们把它们叫作动态信息。在汉语自动句法和语义分析中,静态信息是整个计算机进行运算的基础,计算机依赖于这些预先在词典中给好的静态信息,通过有穷步的运算,逐渐求出各种动态信息,从而逐步弄清汉语句子中各个语言成分之间的关系,达到自动句法和语义分析的目的。

在各种动态信息中,词组类型信息是最容易运算求出的,一般根据树形图中某个结点的各个直接后裔的词类、词的语法特征和语义类型等静态信息,就不难推算出该结点的词组类型信息。句法功能信息则要根据更广泛的上下文才能推算求出,而语义关系信息及逻辑关系信息则是最难求出的,它除了依据各种静态信息和上下文之外,还要依靠知识背景以及语言环境,而且往往不能一步求出,而是要通过许多步的演绎和推理,才有可能推算出来。一个中文信息自动句法分析和语义分析系统的质量的高低,在很大程度上取决于它所推算出的句法功能信息、语义关系信息以及逻辑关系信息的数量的多寡和内容的正确与否。因此,如何根据各种静态信息推算出动态信息,便成为中文信息 MMT 模型的中心任务。

任何一个完善的自然语言信息处理系统都要进行自动句法分析和语义分析,但是,句法分析和语义分析在语言信息处理系统中的比例是因语言而异的。在俄语的信息处理系统中,句法分析比语义分析的比例大得多,在英语的信息处理系统中,句法分析的比例也比语义分析的比例要大一些,在日语的信息处理系统中,句法分析与语义分析的比例差不多,几乎是一半对一半,而在汉语的信息处理系统中,语义分析的比例比句法分析的比例要大得多。这种情况,在人机对话和机器翻译这样的高层次的信息处理系统中,表现得尤其突出。汉语的人机对话系统以及与汉语有关的汉译外或外译汉机器翻译系统,如果不给语义分析以足够的重视,系统的质量显然是不会好的。俄、英、日、汉语信息处理系统中句法分析与语义分析的比例,如图 4.7 所示:

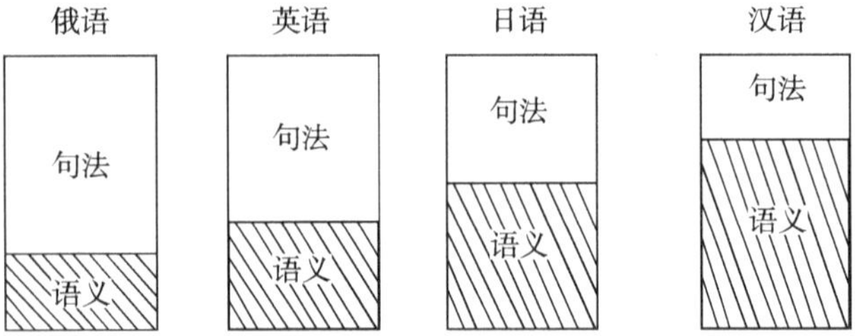

图 4.7　句法分析和语义分析在不同语言中的比例

正因为这样，我们在中文信息处理的研究中，不能只研究句法，还必须更强调语义分析，目前，汉语语义的研究工作还没有很好地开展起来，值得引起我们的注意，要建立能适应信息时代要求的具有中国特色的语言学，不结合汉语本身的特点，不加强语义的研究，那是根本不行的。

下面，我们采用多值标记函数把图 4.6 中的那个多叉树形图改为如图 4.8 中所示的多标记多叉树形图（为了便于阅读，全部标记都用汉字标出）：

在这个多标记多叉树形图的标记中，有许多～号，我们还不能决定其值究竟应标记为什么，这正是我们在语言研究中没有研究清楚的未知的东西，特别是语义关系和逻辑关系究竟应该采用什么样的标记，我们研究得还很不够。这说明了，这种多标记多叉树形图不仅能表示我们已知的各种语法信息，而且，还为我们研究许多未知的语法信息提供了余地，这充分地显示了这种多标记多叉树形图在记录语言信息方面有着巨大的潜力！

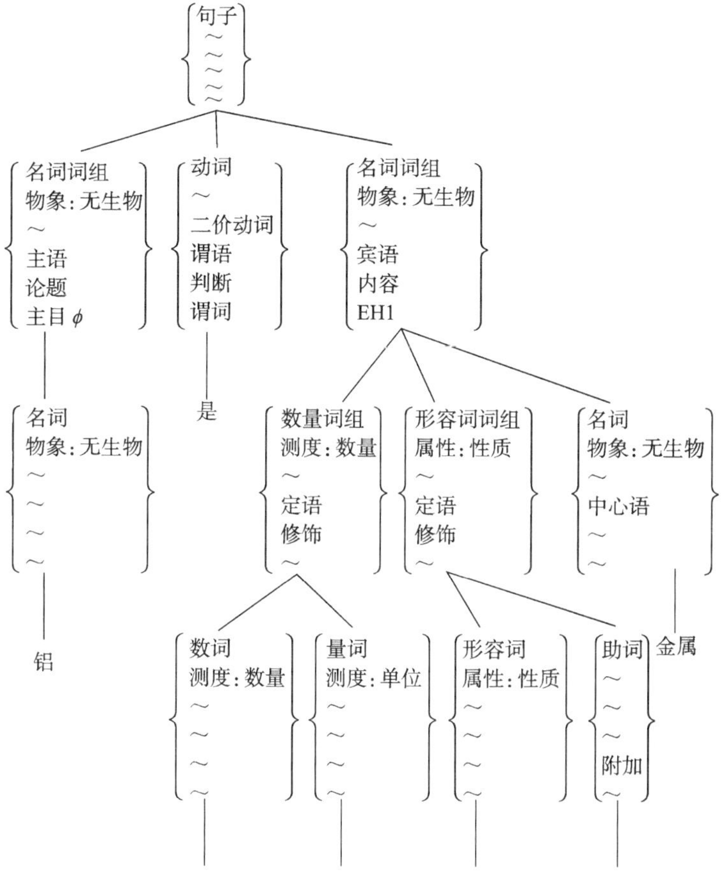

图 4.8 多标记多叉树形图

这种多标记多叉树形图的标记，可以根据实际情况的需要来拟定，不一定局限于我们上面所提出的那些方面的值。事实上，随着语言研究的进一步发展，我们对于语言现象的认识将会更加深入，必定会发现更多的我们过去所不知道的新的语言信息，由于我们的多值标记函数的值可以有任意多项，它的项目还可以任意地扩充，它是开放性的而不是封闭性的，这就为我们充分地表示语言的多方面的信息提供了可能性。

中文信息 MMT 模型不仅具有层次分析法和中心词分析法各自的长处，而且，它还能表示这两种分析法所难于表示的大量其他的语法信息，它既可以表示句子的几何值，又可以表示句子的代数值。

中文信息 MMT 模型所采用的多标记多叉树形图在计算机上易于表示。树形图是计算机数据结构的基本形式之一，在计算机上处理这种树形图的技术手段已经相当成熟，所以，在计算机上实现起来并不困难，目前普遍使用的 LISP 语言、PROLOG 语言等软件，都有着很强的树形图处理功能，这些都为中文信息 MMT 模型的多标记多叉树形图表示在软件方面提供了技术保证。

中文信息 MMT 模型还采用了树语法(tree grammar)来进行树与树之间的转换。

一个树语法 TG 可定义为二元组

$$TG=(V, R)$$

其中，V 是树形图中标记的有限集合，R 是树转换规则的集合。V 的值就是我们前面所述的那 6 个方面的信息，R 的形式为：

$$t_1 \Rightarrow t_2 \mid C$$

其中，t_1 是所要转换的树，叫作源树(source tree)，t_2 是使用 R 之后转换成的树，叫作目标树(target tree)，在 t_1 和 t_2 中，除了说明树的几何值(即树的结构形式)之外，还要说明树的代数值(即树中各个结点上标记的信息），C 是转换的条件，即说明在什么条件下，t_1 可以转换为 t_2。

例如，有这样的规则

$$t_1 \Rightarrow t_2 \mid C$$

其中，

$t_1=$

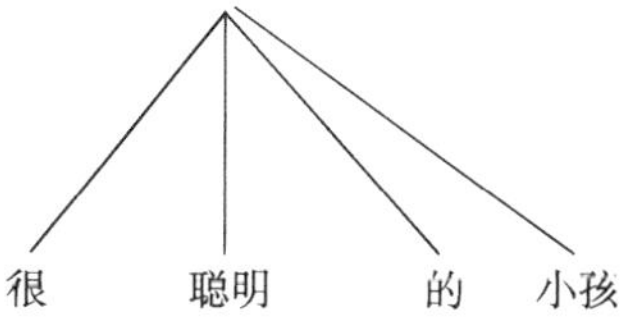

$t_2=$

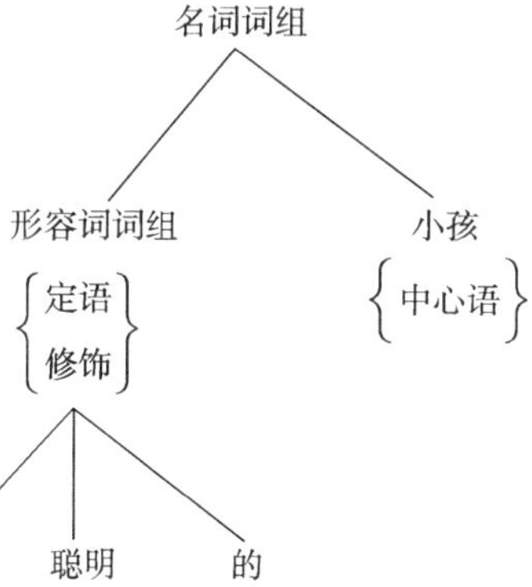

C：t_1 中的“小孩”的词类为“名词”，语义类别为“物象：生物”；“聪明”的词类为“形容词”，语义类别为“属性：性质”；语法特征为“所修饰的名词的语义类别为生物”。

这个规则说明，当 t_1 中的“聪明”与“小孩”结点上的标记满足 C 中的条件时，则可以首先把“很”“聪明”“的”三个结点组成一个形容词词组，再把这个形容词词组与“小孩”组成一个名词词组，在这个名词词组中，在“小孩”这个结点上，赋以

“中心语”这个新信息，在“形容词词组”这个结点上，赋以“定语”“修饰”这两个新信息，在原来 t_1 中的结点 O 上，赋以“名词词组”这个新信息。可以看出，用来赋值的新信息都是动态信息。

有了树语法 TG，就可以进行汉语句子的自动分析与自动生成了。

中文信息 MMT 模型中的汉语句子的自动分析过程可分为三个步骤：

① 进行句子的切分，把句子切分成由彼此间有空白的词组成的线性符号串。

② 查词典，在句子中的每个词上，赋上它们的静态信息。

③ 使用树语法 TG，进行树变换，通过一系列的运算，逐渐改变树形图的几何结构，求出各结点上的各种动态信息，最后由计算机自动造出表示所分析句子的句法语义性质的多标记多叉树形图。

在汉语的人机对话中，计算机要用汉语句子来回答人所提出的问题，这样，就要进行汉语的自动生成，在外译汉机器翻译系统中，也要在外语的句法语义分析的基础上，进行汉语的自动生成，才能造出合格的汉语句子作为译文输出。

汉语句子的自动生成过程可分为 5 个步骤：

① 在外译汉机器翻译中，外语自动句法语义分析的结果是一个多标记多叉树形图，抹去树形图中各结点上有关外语的各种静态信息，保存多种动态信息，尤其是要尽可能多地保存语义关系和逻辑关系的信息。在人机对话中，把要回答的知识内容组织成相应的语义关系和逻辑关系信息。

② 在外译汉机器翻译中,查外—汉词典,把树形图中有关结点上的外语词变换成相应的汉语词,并同时赋上汉语词的各种静态信息。在人机对话中,查汉语词典,找出每个词在词典中所记录的各种静态信息,赋在句子中的词上。

③ 根据已经分析出来的语义关系和逻辑关系信息以及汉语词中的各种静态信息,使用树语法 TG,进行树变换,通过一系列的运算,造出反映汉语句法语义特征的多标记多叉树形图。

④ 对树形图叶子上的有关汉语词,进行适当的形态变化,如有生命指人名词的复数加"们",某些动词与形容词变为其适当的重叠式,等等。

⑤ 顺次取出树形图中各个叶子上的汉语词,组成一个线性的汉语词串,从而造出合格的汉语句子。

汉语自动生成时,由于在外译汉机器翻译中所依据的信息除了汉语词本身的各种静态信息之外,还有通过外语分析得出的各种动态信息,因此,一般地说,汉语自动生成比汉语自动分析要容易一些。当然,这首先取决于外语自动分析所提供的各种动态信息是否正确;如果提供的动态信息是错误的,那么必定会导致汉语自动生成的失败,自然也就谈不上什么汉语的自动生成了。

中文信息MMT模型,除了在1981年的汉—法/英/日/俄/德的汉译外机器翻译试验中应用之外,还于1985年应用于德汉和法汉的外译汉机器翻译试验。在汉译外机器翻译试验中,检验了这个模型的汉语自动分析功能,在外译汉机器翻译试验中,检验了这个模型的汉语自动生成功能,都获得了满意的结果。

第四节　汉语信息处理语法模型

河南省财经学院信息系的语言学研究人员鲁川汲取了美国语言学家菲尔摩（C. J. Fillmore）的格语法（case grammar）和英国语言学家韩礼德（M. A. K. Halliday）的"话位切分"（thematic division）理论，结合汉语特点，提出了汉语信息处理语法模型。

格语法认为，格可以分为表层格和深层格，表层格必须有形态标志，而深层格可以没有形态标志，它反映句子中各个名词词组与动词之间的句法语义关系。话位切分理论把句子切分为主位（theme）和述位（rheme），主位是句子的第一部分，负载谈话者双方事先都确认的信息，述位是句子的后续部分，负载说话者向听话者新传递的信息。

该模型不用"动词"和"形容词"这两个术语，而把它们统称为"谓词"，并对单词作了如下的分类：

体词用 N 表示，谓词用 V 表示，偏词用 A 表示，介词用 K 表示。

由单词组成短语，短语分两类：

①　谓词短语：用 VP 表示，其结构为

$$VP=A_1+V+A_2$$

其中，A_1 和 A_2 可以为空。

②　体词短语：用 CP 表示，又叫作格短语（Case phrase），其结构为

$$CP=K+A+N$$

- 单　词
  - 实　词
    - 正　词
      - 体词
        - 名称词——马、水、他、李明
        - 量词——尺、斤、趟、次
      - 谓词
        - 动态谓词——站、打、送、休息
        - 性状谓词——好、大、高、美丽
        - 联系谓词——是、姓、算、成为
    - 偏　词
      - 定词
        - 指示词——这、每、各、那些
        - 数　词——二、半、两、第三
        - 区别词——男、女、金、大型
      - 副词——不、很、经常
  - 虚　词
    - 关系词
      - 介词——把、被、在、从
      - 助词——的、地、着、了
      - 连词——和、与、及、虽然
    - 感叹词——啊、呀、哦

其中，K 是格标（德文 Kasus 的简写），可以为空，A 亦可以为空。

体词短语与谓词短语之间的句法语义关系，用格（case）来表示。该模型认为，汉语有 9 个格，分述如下：

① 施动格——动态谓词的执行者，记作 CA（Actor）。

施动格的格标 K 可为"被、叫、让"等。

只有当句子中没有语义类别为"动物"的施动格时，语义类型为"非动物"的体词才能成为施动格，在主位上施动格删除格标 K。

例如：小张砸破了窗子

　　　窗子被小张砸破了

② 受动格——动态谓词的承受者或动态谓词的生成者，记为 CG（Goal）。

受动格的格标 K 可为"把、将、管"等。

在谓词之后以及在主位上，受动格删除格标 K。

例如：小张把小李打了一顿

小张打了小李一顿

小王把生米做成了熟饭

③　自立格——性状谓词的当事或联系谓词两边的系事。

自立格既不施动，也不受动，记作 CE（Essive）。

自立格的格标永远为空。

例如：窗外有两棵枣树

小王是研究生

④　关涉格——谓词涉及的间接对象，即受物者、受益者、施物者、施益者，记作 CI（Involvement）。

关涉格的格标 K 可为"给、向、对"等。

紧跟在谓词之后的关涉格删除格标 K。在主位的关涉格删除了格标 K，后边要用代词复指。

例如：同志们对我提了几条意见

同志们提了我几条意见

小胡金老师教过他英语

⑤　缘由格——原因或目的，记作 CC（Cause）。

缘由格的格标 K 可以是"为、为了、因为、由于"等。

缘由格的格标 K 不能删除。

例如：我们要全心全意为人民服务

为了四个现代化我们要努力拼搏

⑥　工具格——工具、手段、方法，记作 CM（Means）。

工具格的格标 K 可为"用、拿、以"等。

在主位上，工具格删除格标 K。

例如：小王用这根绳子捆行李

这根绳子小王捆行李

⑦ 环境格——时间、处所、方向、条件、情况、范围、伴随，记作 CS（Situation）。

环境格的格标 K 可为“在、于、自、从、到、朝、向、趁、跟、随、同、沿、沿着、当着、关于”等。

表示时间或处所的环境格，在主位删除格标 K，其余不删。

例如：老头儿躺在床上

床上躺着老头儿

电子计算机出现于 1946 年

1946 年出现了电子计算机

⑧ 基准格——根据、准则、比较，记作 CB（Basis）。

基准格的格标 K 可为“按、照、依、凭、靠、比、根据、本着”等。

基准格的格标 K 不能删除。

例如：按规定这种事咱们不能办

凭经验他修好了这台机器

⑨ 数量格——物量、时量、动量，记作 CQ（Quantity）。

数量格的特点是前面不能加介词，格标 K 为空，后边不能加名词，否则就成为别的格。

例如：这样的书我也看过一本

（“一本”是表示物量的数量格）

如果在“一本”之后加“书”这个名词，变成“我看过这样的一本书”，则“一本书”就是受动格了。

句子的理解是一个解码过程，可分为三步：

① 首先把句子切分为主位和述位，如用 S 表示句子，用 T 表示主位，用 R 表示述位，则有

S=T+R

② 其次把句子分解为一个谓词短语和一至九个格短语。

S=VP+{CP}

③ 最后把各个短语分解为正词、偏词和虚词。

汉语信息处理语法模型在三个层次上来分析句子的三种关系。

① 在第一个层次上，分析主述关系，即主位话题信息和述位话题信息之间的话位关系。

② 在第二个层次上，分析核心谓词短语跟九种体词短语之间的词格关系。

③ 在第三个层次上，分析短语内的正词及其前后的偏词之间的修饰关系。

例如："小王在学校用平车把煤球给李老师连送了三趟" 这个句子，其分析过程如图 4.9 所示。

句子的生成是一个编码过程，也可分为三步：

① 用语义因子构成底层结构的几条初始项。

例如：有如下的几个初始项：

动作：修好——〔已然态〕——（了）

施动格：小王——（被）

受动格：电脑——（把）——〔有定〕——（那台）

〔无定〕——（一台）

② 通过句法规则生成里层结构的一个标准句。

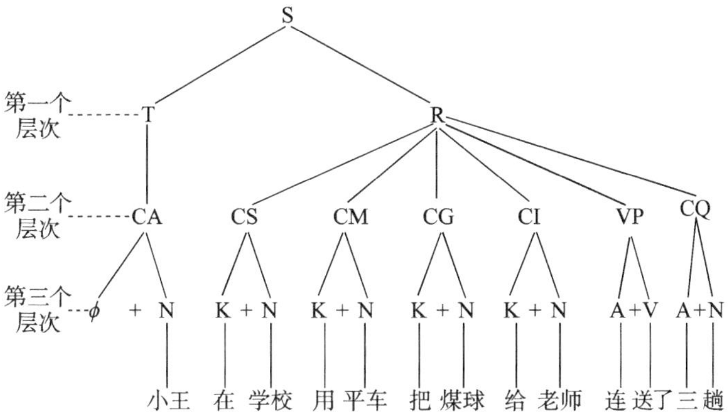

图 4.9 句子的分析过程图示

例如，用句法规则，把第一步中得出的初始项，生成如下的标准句：

S=CA + VP + CG

小王 修好了 一台电脑

③ 再经语用移位，根据话题及信息焦点的不同，生成表层结构的各式各样的交际句。

例如，上面的那个标准句，经过语用移位可生成如下的交际句：

a. 小王修好了一台电脑

（话题是“小王”，信息焦点是“电脑”）

b. 小王把那台电脑修好了

（话题是“小王”，信息焦点是“修好”）

c. 那台电脑被小王修好了

（话题是“那台电脑”，信息焦点是“修好”）

d. 修好那台电脑的是小王

（话题是“修好那台电脑的”，信息焦点是“小王”）

由此可见，语言从底层结构经过里层结构到表层结构的生成过程，显示了语义的决定性，句法的强制性和语用的约束性。

在语言的使用中，还会出现格短语的主位化。在谈话时为了承上启下，把谈话双方都确认的一个格短语提到句首作为话题，这就是格短语的主位化。

可以主位化的格短语都能删除格标 K，删除格标 K 后，就把 CP 记为 NP。

按照主位化的难易，格短语可分为角色格短语、场景格短语、情节格短语三类。

角色格短语易于主位化，包括施动格、受动格、自立格、关涉格、工具格、数量格等六个格。关涉格主位化时，后边要用代词复指。

场景格短语只有在 VP 之前没有角色格短语时才能主位化，只包括环境格。

情节格短语不能主位化，包括缘由格、基准格两个格。

一个格短语是不是句子的主位，判断条件如下：

① VP 之前只有一个 NP，则此 NP 就是主位。

例如：前天下了场大雨

② VP 之前有两个或两个以上的 NP，则其中的角色格短语是主位。

例如：前天下午小王到北京来了

③ VP 之前有两个或两个以上的 NP，且其中根本没有角

色格短语,则最前边的一个场景格短语就是主位。

例如:前天北京下了一场大雨

第五节 限定型汉语理解模型

吉林大学计算机科学系王锡龙提出了限定型汉语理解模型。他们认为,汉语语言灵活丰富,在语法分析上,有许多“中间状态”不易辨别,这给计算机对汉语的处理造成困难,因此,在目前的研究水平之下,他们只能建立起限定型汉语理解模型。

任何一种语言都是定义在某一符号集上的无穷多个有限的符号串的集合。若符号串是规范的语句,则语言就是定义在符号集上的无穷多个语句的集合,可表示为:

$$L=\{x \mid \varphi(x)\}$$

式中,L 表示语言,x 表示满足条件 $\varphi(x)$的所有语句 x 的集合。事实上,任何有穷多个符号集上的语句 X 的集合都是可数无穷多集,语言只是这个集上的子集。由于语言的复杂性,目前只能给出某些有穷表示,用来辅助计算机理解语言。

汉语语言的符号集用字母 V 表示:

$$V=\{Z, M, B\}$$

其中, Z 表示方块汉字, M 表示字母和有限个符号, B 是汉语标点符号的集合。

如果所有的词用 C 表示,则语言的符号集 V^* 可表示为:

$$V^*=\{C, M, B\}$$

词有词形、词音、词义及词性四个基本要素,分别记为 X、

Y、I、N。

有词必有义，有义必可用词来表达，因此，词汇具有丰富性、能产性和完备性。词在语句中的基本要素是客观确定的，因而语言是可理解的。但是，要让计算机理解语言，必须给出某种算法，让计算机一步一步地去判定，去理解。

词所属的学科类别，称为词域，记为 U，如数学、物理、经济等。词域体现了词在语句中的客观环境，因此，如果在词典中注明词的词域，可以帮助计算机理解语言。

语句 x 的形式可表示为 $V_1V_2 \ldots V_i \ldots V_{n-1}V_n$，其中，$V_i \in V^*$，i 称为词 V_i 的位号，词在语句中的位置称为词位，用 i 表示。若有词 V_i 与词 V_j，当 $i < j$ 时，称 V_i 为 V_j 的前位词符，V_j 为 V_i 的后位词符。每个词都具有一定的属性，V_i 的属性称为 V_j 的前位属性，用 Q 表示，V_j 的属性称为 V_i 的后位属性，用 H 表示。这样，词在语句中的信息 W 可表示为：

$$W=(X, Y, I, N, U, Q, H)。$$

也就是说，一个词可以包含 7 个方面的信息。

语句 x 的一般理解表达式为：

$Lx=\{V \mid \varphi(W_1, W_2, \ldots, W_n)\}$ 其中，V 是使得条件 $\varphi(W_1, W_2, \ldots, W_n)$ 成立的语句 x 中的全部词符的集合。

因此，限定型汉语理解模型，并不要求计算机全面地理解汉语，只要求提供给计算机处理语言的一种算法，使得计算机按照这样的算法，对于任意给定的一个语句 x，可以找出基本上符合语句 x 中全部词符 V 的信息量 W 的统一值。只要做到了这种程度，就可以说计算机理解了这个语句。

限定型汉语理解模型的重点放在理解词与词之间的结构关

系上，因此，采用有向树形图来表示汉语理解的结果。句子 K 的有向树形图就称为句子 K 的理解图。K 为句子编号，标在根结点上，树形图中其余结点的序号是词序号，表示该结点在句子中的顺序位置。由指向根结点的线表示主语关系，因为一个句子只有一个主语，所以，根结点最多只有一条接收线。如果根结点没有接收线，则说明句子是无主句。根结点的直接后裔中，主语结点只有一条指向根结点的发射线，但它可以有多条指向自身的接收线，这些接收线来自主语的附加成分结点。根结点的另一直接后裔是谓语结点，谓语结点可有一至二条发射线，多条接收线。谓语结点的发射线指向宾语结点，若只有一条发射线，则说明它只有一个宾语结点，若有两条发射线，则说明它有两个宾语结点，即双宾语。谓语结点的接收线，来自它的附加成分结点，一个谓语可以有多个附加成分，因此，谓语结点的接收线可以有许多条。在谓语结点的接收线所从出的直接后裔结点中，如果该结点的词序号大于谓语结点的词序号，则该结点为补足成分，其余结点皆为修饰、限定成分。谓语结点的最后一个直接后裔是标点符号结点。

语句 K 的理解图按着自顶向下、自左至右的顺序来读，从主语结点开始，读取句子的主要成分，然后，按照各结点的词序号读取附加成分。

例如，“我们厂最近试制出新产品。”这个句子，其理解图

我们	厂	最近	试制	出	新	产品	。
1	2	3	4	5	6	7	8

如下(图 4.10)：

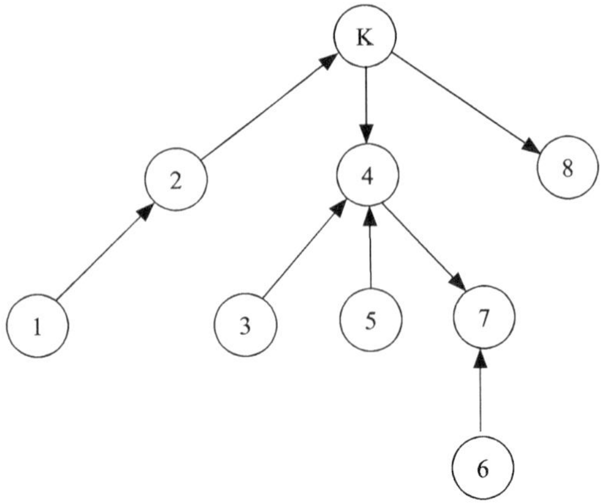

图 4.10　句子 k 的理解图

其中,②是主语结点,④是谓语结点,⑦是宾语结点。注意,在谓语结点④的附加成分结点中,结点⑤的词序号大于该谓语结点的词序号,故结点⑤为补足成分。

句子中某些相邻的词,若可组成词结构,则可用同一结点表示,这些词称为同结点词。以下形式的相邻的词是同结点词(x 为一个词符):

a.　x+ 方位词,即方位结构

b.　x+ 助词

c.　x+ 量词,即量词结构

d.　x+x,即重叠式

e.　介词 +x,即介词结构

f.　否定词 + 动词

g.　肯定词 + 动词

在汉语理解的过程中,对于理解图要进行剪枝或嫁接,简称

“剪嫁”。剪嫁又可分为语法剪嫁、语义剪嫁和综合剪嫁三种。

① 语法剪嫁：根据语法规则对理解图进行剪嫁。

例如句子 S_1：

<u>今天</u> <u>学校</u> <u>开</u> <u>大</u> <u>会</u><u>。</u>
1 2 3 4 5 6

这个句子的理解图要进行如下的剪嫁（图 4.11）：

原理解图中，根结点 S_1 有两条接收线，不合乎理解图的规定，也违反了语法规则。实际上，结点⑤是宾语，应剪嫁到谓语结点③之下，进行语法剪嫁。

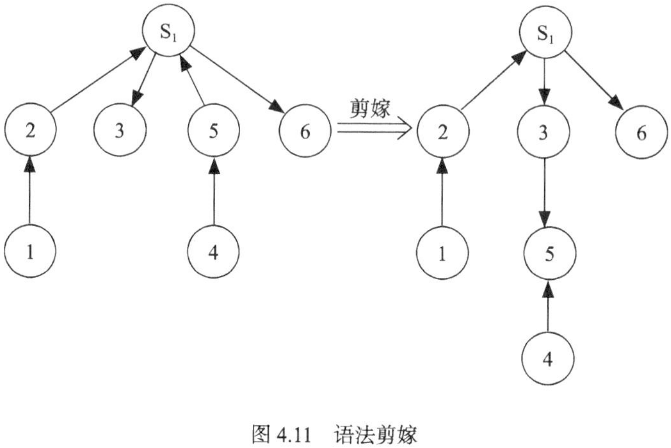

图 4.11 语法剪嫁

② 语义剪嫁：根据语义规则对理解图进行剪嫁。

例如句子 S_2：

<u>他</u> <u>一口</u> <u>水</u> <u>都</u> <u>不喝</u> <u>。</u>
1 2 3 4 5 6

这个句子的理解图要进行如下的剪嫁：

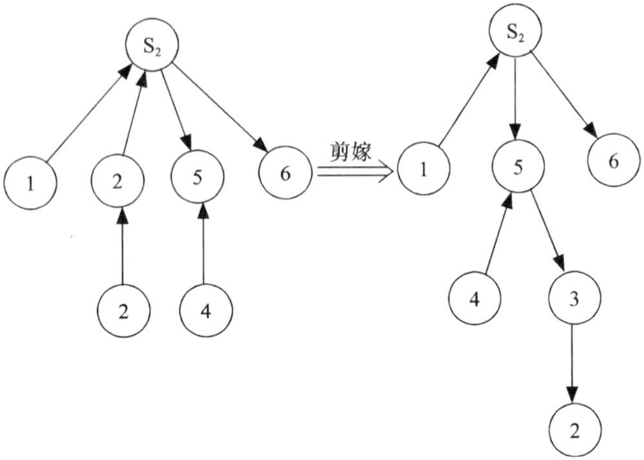

图 4.12　语义剪嫁

原理解图中，结点③是谓语结点⑤"喝"的受事者，与结点⑤有语义关系，故进行语义剪嫁，将其剪嫁到结点⑤之下。

③　综合剪嫁：根据语法规则和语义规则，综合进行剪嫁。

例如句子 S_3：

你 把房间收拾 干净。
1　2　　3　 4　5

原理解图中，结点②"把房间"是"把字结构"，在语法与语义上都与谓语结点③发生关系，故将其剪嫁到结点③之下。

限定型汉语理解模型的理解算法如下：

第一步：取一句子 x_k（k 为句子编号），若句子全部处理完，则转出口；

第二步：借助词典和知识库，采用结合上下文切词法进行切词，并确定词性及词的序号；

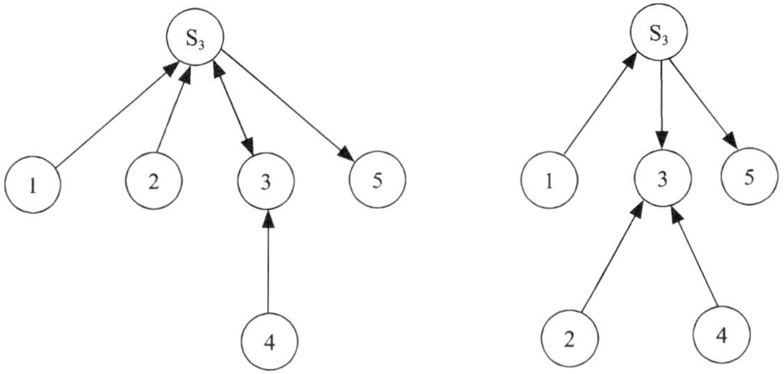

图 4.13　综合剪嫁

第三步：建立根结点 k，依次为名词、代词建立接收指示字，为动词和其他直接后裔词符建立发射指示字；

第四步：归并同结点词和处理代词；

第五步：按照附加结构式，建立下一级的后裔结点；

第六步：根据剪嫁规则，进行剪嫁调整；

第七步：根据要求进行赋值，如取不到值，则转出等待；

第八步：问“要输出结果吗？”，如果要，则输出，否则转第一步。

汉语理解的结果，可通过提问方式检索出来。

例如，向计算机提出求句子“小毛板着脸不说话”中的词音 L（Y）和第二个词的词性 L（N_2）。计算机对该句子处理之后，输出如下格式的回答：

L（Y）：Xiǎo mǎo bǎn · zhe liǎn bù shuō huà

L（N_2）：板着——动词。

这样的回答，说明计算机已理解了句子的一部分内容。限定型汉语理解模型并不妄想理解汉语的一切方面。

第六节　汉语产生式语法

除了上述的汉语语言模型之外，我国学者钱锋、冯志伟还对汉语产生式语法进行了初步的探讨。

不论哪一种语言模型，其最根本、最关键的问题，是要指出各种语言形式出现和转换的条件，只有指出了条件，计算机才可能根据有关条件，执行相应的动作，从而使整个系统成为一个可以动态执行的过程。

不论哪一种计算机，在执行有关程序时，总免不了给它指出"条件"，有了条件，并且让计算机知道究竟是什么样的条件，计算机才可能执行相应的动作。总而言之，计算机的任何操作，归根结底，可以归结为一个公式：

条件→动作

即在一定的条件下，执行一定的动作，在另一条件下，执行另一动作。这样的"条件——动作"偶对，是一切计算机工作的最基本的方式，因此，要使自然语言成为可供计算机执行的形式，指出自然语言的各种现象出现的条件，也就是不可避免的了。

我国许多学者多年来从事自然语言信息处理的研究工作，提出了语言模型的各种算法，但是，在很长的时间内，由于我们对于自然语言形式化处理的关键不清楚，所以，这些算法，有的成功了，有的失败了，凡是成功了的算法，都是由于比较充分地研究了语言形式出现的条件，凡是失败了的算法，或者是由于根本没有提出语言形式出现的条件，或者是虽然提出了语言形式出现的条件，但是条件给得不具体、不精确，或者是条件给错了。

积多年之经验，我们深深地认识到“条件”对于建立自然语言模型的重要性，“条件——动作”偶对这一公式，确实是建立自然语言模型的最基本、最关键的公式。由于汉语中单词或词组的种类与它们的句法功能没有明确的对应关系，语言成分的句法功能与它们的语义关系、逻辑关系也没有明确的对应关系。所以，在中文信息处理中认真地研究现代汉语的各种“条件——动作”偶对，就显得格外重要了。

我国汉语语法研究已取得了很大的成绩，尽管过去的汉语语法研究没有专门考虑到中文信息处理的需要，但是，汉语语法的许多研究成果却是自觉或不自觉地体现了“条件——动作”偶对这一公式的原则，因此，这些成果都程度不同地能够在中文信息处理的研究中得到运用。

例如，我们在进行汉语自动生成时，起初以为“把字句”的作用是把及物动词的宾语提前，因此，我们曾误以为，凡是及物动词的宾语都可以用“把”字提前，从而形成把字句。其实，这是一个极不严格的条件，我们把这样的条件写到程序中，凡是及物动词的宾语都用“把”字提前了，结果形成了通篇的把字句。实践使我们认识到，把字句的出现条件不只是及物动词的宾语提前，还有着更为严格的条件，进一步学习汉语语法研究的有关文献，我们提出了如下几个限制条件：

① 把字组成的连动结构，其中的动词不能是单纯的单音节或双音节动词，而是一个比较复杂的动词组合，如动词重叠式（“把衣服洗洗”），动词前头有副词“一”（“把眼睛一瞪”），动词前头有“往……”“当……”等介词结构（“把袖子往上卷”“把酒当水喝”），动词后头有补语（“把瓶子灌满”），动词后头有宾语

（“把他免了职”），动词后头有助词“着”“了”（“把门开着”、“把门关了”）。

② “把”字的宾语在语义关系上是后边动词的受事，而不是一般的宾语。

③ “把”字的宾语在意念上是确定的、特指的。

根据这些规律对把字句的出现条件作了进一步的限制，结果计算机生成的把字句基本上就正确了。

后来，我们根据汉语语法研究的有关结果，把上述条件进一步加以概括，得出更为简练概括的规律：凡是受事主语句的主语之前，都可以加“把”字形成把字句。例如，“门开着”“门关了”“他免了职”等受事主语句，主语前加“把”就可以形成“把门开着”“把门关了”“把他免了职”等把字句。这是因为，受事主语句中的动词不能是单纯的，受事主语在意念上总是确定的。找出了这样的概括性更高的条件，就能更好地通过简单的程序来控制把字句的生成了。

又如，汉语中有许多词是名动同形词，如“学习、工作”等，既可为名词，又可为动词，而在计算机处理语言时，必须首先排除这种语法上的歧义。我们根据汉语语法研究的有关成果，提出了下列规则：

① 如名动同形词前出现“数词＋量词”的结构，则可判定为名词；

② 如名动同形词前为情态助动词（如“可能”“能够”“应当”），则可判定为动词；

③ 如名动同形词后有助词“着”“了”“过”，则可判定为动词。

根据这些条件，计算机能够比较有效地判断名动同形词。

总之，凡是汉语语法研究中清楚地说明了其出现条件的语法现象，都可以在计算机上进行形式化的描述，哪怕汉语语法研究者本人并没有采用诸如现代数学这样严格的工具来描写他们所发现的语法现象。可见，建立汉语语法形式化模型的根本问题，并不在于是不是采用了什么高级的数学工具，而仅仅在于语法研究者是否能清楚地说明其出现的各种条件。

汉语语法中的许多现象，尽管有的语法学者用了相当形式化的手段来描述它，但是，由于没有清楚地揭示出其出现条件，这样的形式化描述在计算机上也是实现不了的。例如，汉语的趋向补语，曾有学者用相当形式化的手段描述过，但至今在计算机上仍然很难准确地分析和生成趋向补语，就是因为这种形式化的研究并没有阐明趋向补语的出现条件。

事实上，汉语中的许多语法现象，是不容易说清楚其出现条件的。例如，汉语在表示可能性时，可以用助动词表示，又可以用可能补语表示，试比较：

能去——去得

能吃——吃得

但是，在什么情况下用助动词，在什么情况下用可能补语，汉语语法学界至今还没有提出明确的判别标准。由于不了解其使用条件，所以，在计算机上就没法区别这两种形式。刚学汉语的外国人，一般只敢说“能去”“能吃”，而不太敢说“去得”“吃得”，也是因为他们不了解这两种形式的使用条件，只好用“能去”“能吃”这种与英语比较接近的形式。

过去常有人说，学了汉语语法派不上用场，这大概是因为汉语语法书对于各种语法现象的出现条件说得不清楚，读者不知道怎样去运用语法书中所叙述的各种语法规则。有些语法专著洋洋大观,给读者罗列出一大堆语法现象,而很少说明这些语法现象的出现条件,这种语法专著在学术上当然是高水平的,但从实用的角度来说,恐怕确实是派不上多大的用场。

其实,人学习语言的情况与计算机处理语言的情况有许多相似之处,一个学汉语的外族人,他必须确切地知道各种语法现象的出现条件,才有可能去正确地使用它。现代英语语法对于动词的各种时态的出现条件做了十分确切的说明,因此,学习英语的人可以很好地掌握它,从而造出各种合乎规范的英语句子来。在学习英语时我们之所以觉得英语语法十分有用,非学不可,就是因为这样的英语语法是一种讲条件的语法。有的人之所以觉得汉语语法无用,是因为大多数汉语语法书只罗列现象,很少讲条件。

由此观之,不论从中文信息处理还是从外族人的汉语教学来说,建立一套讲究条件的汉语语法就成为一件十分重要的事情了。

20 世纪 50 年代末 60 年代初,美国描写语言学的方法介绍到中国来之后,我国的现代汉语语法研究受到美国描写语言学的影响,比较注意语言现象本身的详尽描述,而不太注意对这些现象的解释。描述语言现象是有必要的,而且这也是语言研究不可缺少的第一步。如果不详细地占有材料,不从各个方面、各个角度来描写语言现象,当然也就谈不上对语言现象的解释,语法研究就有如无米之炊。但是,如果只停留在描述的水平,不进一步对这样的描述做出解释,那还不能算是探究了学问的根本。从应用的角度来看,如果不对语言现象的出现条件做出解释,这样的描写就很难对人们学习语言的实践以及中文信息处理发挥应有的作用。为了使汉语语法研究更好地为我国实现新时期的历史任务服务，有必要把汉语语法研究的重点，逐渐从描写的立场转移到解释的立场上来。语言研究者应该进一步探赜索隐，钩深致远，尽其所能地把他们所描写的各种语法现象的出现条件说清楚，不但要说明语言现象是什么样，而且要说明条件，解释这些现象何以会这样。总之，我们要响亮地提出一个口号：建立解释性的汉语语法体系。

我们提出这个口号，一点儿也不意味着要削弱汉语描写语法的研究，恰恰相反，我们还要进一步描写汉语的各种现象，揭示各种语言现象之间的细微差别，但是，我们做描写研究的目的，不是为描写而描写，而是要对这样的描写做出解释，说明其出现的条件，从而使这样的描写成为人们可以通过智能活动熟练地掌握的东西，成为计算机可以使之程序化的东西。

近年来，国内外对于人类智能活动的探讨又有了新的进展。美国人工智能专家司马贺（H. A. Simon）和列维尔（A. Newell）提出了"产生式系统"，并论证了这种产生式系统与智能活动的关系。他们认为，智能活动可以分解为一系列最基本的单位，这种基本单位有两种：

第一，根据某种环境采取某种行动。

第二，根据某一前提作出某种结论。

人们进行智能活动，就是说，他们能够根据某种特定的环境产生某种行动，或者根据某一特定的前提产生某一结论。这种基本智能活动的单位就叫作产生式。

这种产生式可以构成一系列比较复杂的认知过程。人类社会的许多科学和文学杰作，最后都可以归结为这样的产生式。从人类进化的过程来看，复杂的产生式系统是由一些简单的产生式系统发展成的；从一个人智能发展的过程来看，先由发展简单的智能产生式系统开始，逐渐发展到复杂的产生式系统，而这两根脉络的共同基础，就是上述的产生式。

把产生式系统的理论同前面提出的"条件——行动"偶对的那种观点相比较，可以发现它们之间是多么相似！由此可以看出，既然人类的智能活动是建立在产生式的基础之上的，那么，要把语言这种人类的复杂的智能活动形式化，其最关键的问题，当然就是要为某种语言建立起一系列"条件——行动"偶对的产生式系统；要使语言便于人们学习或掌握，其最根本的问题，当然也就是要告诉人们如何根据特定的条件来运用某种语言中的各种规则。所以，解释性的汉语语法体系实际上就是汉语语法的产生式系统。因而前面的口号可以进一步更加明确地改为：建立汉语语法的产生式系统。

为了中文信息处理的需要，为了把中文信息处理的研究从"字"一级的水平切实地提高到"词"一级或"句"一级的水平，我们中国的语言学工作者应当认真地研究汉语语法的产生式系统。

本章参考文献

1. 欧阳文道《论中文信息的五维模型》,《中国中文信息研究会成立大会学术报告》,1981 年。
2. 冯志伟《汉语句子的多标记多叉树形图分析法》,《中文信息处理国际研讨会论文集》(2),1983年,p.144—158。
3. 鲁川《汉语信息处理语法》,《机器翻译及自然语言处理全国学术讨论会论文》,1984年。
4. 王锡龙《汉语语言的理解系统》,《中文信息处理国际研讨会论文集》(2),1983年,p.1—10。
5. 钱锋、冯志伟《汉语产生式语法刍议》,《科技革命与汉语研究》,1985年。

第五章　机器翻译

机器翻译是自然语言信息处理的一个历史悠久的部门，也是中文信息处理的一个最早研究的部门。多年来，学者们提出了不少的理论和方法，进行了大量的试验，由于机器翻译涉及词法、句法、语义乃至语用等各方面的问题，不仅要研究中文本身，而且还要研究外文，它属于中文信息处理的高层次研究，至今还存在不少实质性的困难。本章将介绍机器翻译的历史、现状、语言分析方法、程序设计技术以及它的工程化问题。

第一节　概述

关于用机器来进行语言翻译的想法，远在古希腊时代就有人提出过了。当时，人们曾试图设计出一种理想化的语言来代替种类繁多、形式各异的自然语言，以利于在不同民族的人们之间进行思想交流，为此，曾提出不少的方案，其中一些方案就已经考虑到了如何用机械手段来分析语言的问题。

20 世纪 30 年代初，法国科学家阿尔楚尼（G. B. Artsouni）提出了用机器来进行翻译的想法。

1933 年，苏联发明家特洛扬斯基（П. П. Троянский）设计了把一种语言翻译成另一种语言的机器，并在同年 9 月 5 日登记了他的发明。但是，由于当时的技术水平还很低，特洛扬斯基的翻译机没有制成。

1946 年，美国宾夕法尼大学的埃克特（J. P. Eckert）和莫希莱（J. W. Mauchly）设计并制造出了世界上第一台电子计算机 ENIAC。

电子计算机惊人的计算速度，启示着人们考虑翻译技术的革新问题。因此，在电子计算机问世的同年，英国工程师布斯（A. D. Booth）和美国工程师韦弗（W. Weaver）在讨论电子计算机的应用范围时，就提出了利用计算机进行语言自动翻译的想法。1949 年，韦弗发表了一份以《翻译》为题的备忘录，正式提出了机器翻译问题。1952 年，由洛克菲勒基金会主持，一些英美学者在美国麻省理工学院召开了第一次机器翻译会议。1954 年，美国乔治敦大学在国际商用机器公司的协同下，用 IBM–701 计算机进行了世界上第一次机器翻译试验，把 60 个简单的俄语句子译成了英语，这次试验用的机器词典只有 250 个词，机器语法规则只有 6 条。

第一次机器翻译试验的成功使机器翻译很快进入了高潮时代。在世界上许多地方，机器翻译实验室如雨后春笋般地建立了起来，并出现了首批的机器翻译实用系统，如美国乔治敦大学经过进一步扩充后的俄英机器翻译系统，美国橡树岭国家原子能实验室的俄英机器翻译系统，欧洲原子能联营（EURATOM）设在意大利瓦雷泽（Varese）的俄英机器翻译系统，英国空军国外技术部的俄英机器翻译系统 Mark Ⅱ 等。

在这个机器翻译的热潮中，美国工业界的资本家们以为机器翻译这种新的信息处理技术会给他们带来高额利润，迫切要求设计一种适于市场需要的机器翻译系统，美国政府也给机器翻译研究工作提供总数将近2000万美元的巨额拨款，对机器翻译表现出空前的热情。纽约市的伊代克（Itek）公司甚至开设了一个自动翻译服务中心，迫不及待地准备在市场上开张营业，可是，这个自动翻译中心开张没有几个月就倒闭了。于是，工业界对机器翻译的热情一落千丈。在这种情况下，美国科学院于1964年4月成立了一个语言自动加工咨询委员会（Automatic Language Processing Advisory Committee），简称ALPAC委员会，该委员会就下列三个方面的问题进行了调查：（1）政府部门和科学界对翻译工作的需要情况；（2）现有的翻译人员和设备能不能满足这种需要；（3）机器翻译的优点、缺点及其前景的估价，比较机译与人译的译文质量和费用情况。

调查后，ALPAC委员会于1966年11月公布了一篇题为《语言与机器》的报告，简称ALPAC报告。报告指出："在目前给机器翻译以大力支持还没有多少理由"，把机译与人译所提供的译文全面地加以比较就可以发现，机器翻译的"速度慢，精度差，费用高"；该报告还指出，科学技术上用英语写的论文越来越多，对于使用英语的美国人来说，翻译的要求并不迫切。ALPAC报告对于机器翻译采取了否定的态度。

在ALPAC报告的影响下，一些国家的机器翻译研究转入了低潮，许多已经建立起来的机器翻译单位遇到了行政上和财政上的困难，这种情况一直持续到20世纪60年代末。

不过，尽管在低潮时期，法国、苏联、加拿大、日本等国仍然坚持着机器翻译的研究，并取得了一定的成绩，于是，机器翻译在20世纪70年代又出现了新高涨。

这一时期机器翻译的新高涨，首先是由实践的要求决定的。

欧洲共同体的任何文件都要译为6种语言，需要翻译的资料日益增加，引起了翻译费用的上涨。

加拿大实行双语言制，政府的文件都要用英、法两种语言记录，对翻译要求的迫切性与欧洲共同体类似。

日本由于外贸的发展，需要翻译大量的出口、入口商品说明书，同时还要翻译各种时间性很强的重要新闻，对机器翻译的要求十分强烈。

这一时期机器翻译的新高涨，与情报自动检索和人工智能的发展也有关系。

随着情报现代化技术的进步，机器翻译不再是自然语言信息处理的唯一学科了。由于各种情报检索系统的建立，有必要对文献进行自动标引，甚至有必要用自然语言来直接向计算机提问，这就必须解决自然语言文句的自动分析问题，而这样的问题是同机器翻译密切相关的。

人工智能的研究中出现了"自然语言理解"这一新的研究领域，这也需要对自然语言进行句法的和语义的分析，在这一新的领域中，人们提出了一系列有关自然语言信息处理的理论和方法，这些新的理论和方法，给机器翻译开拓了一条新的思路。

威尔克斯（Y. Wilks）于1973年采用优先语义学的方法设计的英法机器翻译系统，明显地受到了人工智能理论的影响。这个系统特别强调在原语分析和译语生成阶段都要把语义问题放在第一位，英语的输入文句首先被转换成某种一般化的通用的语义表示，然后再由这种语义表示生成法语译文输出，由于这个系统语义表示方法比较细致，能够解决句法分析中难于解决的歧义、代词所指等疑难问题，译文质量比较高。

另外，计算机科学的进一步发展，也给机器翻译在技术上提供了有利条件。例如LISP、PROLOG等程序语言都特别适于进行符号处理，可以满足机器翻译的许多特殊要求。形式语言理论和自动机理论对于机器翻译的总的设计思想在理论上也有一定的指导作用。

在这些因素的作用下，20世纪70年代初期，机器翻译又重新兴旺起来。

加拿大蒙特利尔大学研制出一种叫作TAUM的英法机器翻译系统，这个系统与加拿大联邦政府翻译局的机器翻译系统相结合，做成了叫作TAUM–METEO的机器翻译系统，能进行天气预报文章的自动翻译，于1971年开始投入使用，每小时可以翻译6万—30万个词，每天可翻译1500—2000份天气预报的报告，并可通过电视、报纸立即公布。最近，他们又设计成一个新的机器翻译系统，叫作TAUM–AVIATION，用于翻译航空工业方面的技术资料，他们翻译的对象是Aurora 300型飞机的技术文献，编制了一部5万词的机器词典。

法国纺织研究所TITUS–Ⅳ系统，可进行英、德、法、西班牙四种语言互译，每种语言有一部14 000个词的词典，每秒钟可翻译240个词，已于1973年开始使用，主要翻译纺织技术方面的文摘。

法国格勒诺布尔理科医科大学自动翻译研究中心进行了多语言自动翻译的研究，他们研制的俄法机器翻译系统，已翻译了40万词的俄文资料，接近实用水平。他们还设计了一套机器翻译的专用软件系统ARIANE–78，分为ATEF、ROBRA、TRANSF和SYGMOR四个部分，它们是程序的生成器，可以连续地执行机器翻译过程的分析、转换、生成等阶段。ATEF 是一个非确定的有限状态转录机,它的程序接收原语文句作为输入,并提供出该文句中每一个词的形态解释作为输出。ROBRA 是一个树形图转录机,它的程序接收形态分析的结果作为输入,借助于文法规则对此进行各种运算,输出能表示文句结构的树形图;ROBRA 还可按同样的方式实现结构转换和句法生成。TRANSF 可借助于双语言词典实现词汇转换。SYGMOR 是一个确定的树–链转录机,它接收译语句法生成的结果作为输入,并以字符链的形式提供出译文。

后来,欧洲共同体翻译局决定与法国格勒诺布尔大学自动翻译研究中心合作,制定一个莱布尼兹计划,以法国格勒诺布尔大学为主,由德国萨尔大学、意大利比萨大学、英国曼彻新特大学协力,研制欧洲诸语言的多语言机器翻译系统。

1973 年,全苏科技科技文献翻译中心建立了机器翻译部,研制英俄、法俄、德俄的实用性机器翻译系统,其中,英俄机器翻译系统 AMПAP 已于 1980 年起投入工业开发试验,机器译文能够被用户所接受,已部分投入使用。

在美国,机器翻译也有复兴的趋势,在乔治敦大学机器翻译系统的基础上进一步开发的大型机器翻译系统 SYSTRAN,已提供给美国的一些实用单位开始试用。例如,提供给美国空军的 SYSTRAN 系统,词典有 16 万 8 千个词干形式和 13.6 万个词组,可进行俄英机器翻译,1970 年试用,每小时可翻译 15 万个词;提供给美国拉特赛克(Latsec)公司的 SYSTRAN 系统,可进行俄英、英俄、德英、汉法、汉英机器翻译,于 1969 年试用,每小时可翻译 30 万—35 万个词。

美国罗各斯(Logos)公司的Logos–Ⅲ系统,可进行英语—越南语机器翻译和英俄机器翻译,词典有10万个词,于1971年试用。

美国国家航空和航天局的NASA系统,可进行俄英和英俄机器翻译,于1975年试用。

美国魏德纳(Weidner)通讯公司研制成的Weidner系统,可进行英语与法语、英语与德语、英语与西班牙语、英语与葡萄牙语之间的双向机器翻译,并可进行英语—阿拉伯语的单向机器翻译。

设在华盛顿的泛美卫生组织研制成PAHO系统,进行西班牙语—英语的机器翻译,从1980年以来已翻译了100多万词的资料。

美国杨伯翰大学(Brigham–Young University)研制的机器翻译系统,整个翻译分为三级:第一级只进行一般的语词处理,由人参照计算机中存储的词典来进行翻译;第二级有极为单纯的语言处理功能,由计算机给人提供出某些翻译的建议,人再利用这些建议自己进行翻译;第三级才完全由机器进行翻译。

美国德克萨斯大学(Texas University)与西德西门子(Siemens)公司合作研制成METAL系统,可进行德英机器翻译,词典包含1万个词条。

西德萨尔布吕肯的萨尔大学(Universität des Saarlandes)研制成SUSY(Saarbrücken Automatic Translation System)系统,以德语为中介,可以进行俄语、英语、法语、世界语的翻译,比如由英语译成法语,首先要由英语译成德语,再由德语译成法语,每小时可译15 000个词。

80年代以来，日本的机器翻译研究出现了新高涨，成为当今世界上机器翻译研究最为兴盛的国家。

日本科学技术厅制定了以科技文献的日英、英日翻译为目标的机器翻译计划，研制 μ 系统。该系统由京都大学、电子技术综合研究所、日本科学技术情报中心、工业技术院筑波情报计算中心负责。

日本富士通公司的ATLAS/Ⅰ系统，以句法分析为中心，可进行英日机器翻译，ATLAS/Ⅱ系统，以语义分析为中心，可进行日英机器翻译，词典有25万词，每小时可翻译6万词。

日本日立制作所与市况情报中心共同开发的英日机器翻译系统，1985年已在市况情报中心内部试用，该系统以日立制作所的ATHENE系统为基础，进一步开发了用语词典和文法规则，词典有7万词条。另外，日立制作所还正在开发NEAT系统，进行日英机器翻译。

日本布拉维斯（Bravice International）公司在美国Weidner系统的基础上，研制成日英机器翻译系统，其名称叫作Bravice PAK 11/73，硬件、软件与翻译系统三者合为一个翻译机，已经商品化，于1984年投放市场，远销美国。

此外，还有日本电信电话公社武藏野通研开发的LUTE日英机器翻译系统，日本电气开发的VENUS日英机器翻译系统、日本东芝公司开发的TAURAS英日机器翻译系统，也独具匠心，各有特色。

上述这些系统，有的已经商品化，有的已经投入使用，有的正在试用，有的尚在研制中，有的在试用中出现问题就中断了。目前，世界上还没有一个受到用户欢迎的全自动高质量的机器翻译系统，尽管有的系统力图向这个目标努力，但还没有成为现实。这些都说明了机器翻译是一个极为困难、极为复杂的问题。

为了使机器翻译早日达到实用的目的，可以考虑由人参与机器翻译过程或者搞“机助翻译”。远在1950年，美国机器翻译专家雷夫勒（E. Reifler）就提出了“译前编辑”（pre-editor）和“译后编辑”（post-editor）的问题，主张由人来做一些机器做起来困难的编辑工作，这样可使机器翻译尽快地付诸实用。对于一个不熟悉外语的人来说，阅读外语文章最感头痛的是生词问题，由于掌握的词汇量不多，读起来不得不频繁地查词典，常常使人心烦意乱，如堕烟海，因此，有人提出利用计算机来帮助人查词典，以减少人的这种单调的重复性劳动，这就是所谓的“机助翻译”（machine-aided translation）。20世纪70年代以来，加拿大、西德、东德、卢森堡等国都开展了机助翻译的研制工作。例如，西德联邦政府语言局（Bundessprachenamt）为了提高人工翻译的质量及减轻翻译人员的负担，开发了一个叫作LEXIS的术语数据库，收录了约300万条术语，语言的种类涉及20种，其中，德语—英语对照的术语占70%以上。翻译时，首先输入原文由计算机进行批量处理，从LEXIS中查出各个术语的译文打印输出，然后，再由翻译人员根据这些术语的译文对全文进行人工翻译。西德西门子有限公司的TEAM系统，能进行英、法、德、俄、意、荷、葡、西等8种语言的机助翻译，1970年开始应用，计算机对于人们在翻译中的问题（主要是生词）提供咨询，咨询正确率可达90%。加拿大蒙特利尔大学的TERMIUM系统，可进行英、法等4种语言的机助翻译，1975年开始应用，咨询正确率达90%。卢森堡的EURODICAUTOM系统，能进行英、法、德、荷、意、丹麦语的机助翻译，1975年开始应用，可做到直接提问，立即回答。

机器翻译研究工作在我国已有60年的历史了，这是在我国最早开展的中文信息处理工作。早在1956年，国家便把机器翻译研究列入了我国科学工作的发展规划，成为其中的一个课题，课题的名称是："机器翻译、自然语言翻译规则的建立和自然语言的数学理论"。这个课题包括两部分：一部分是自然语言翻译规则的建立，这是机器翻译研究工作的实践部分，也就是今天我们一般人所理解的"机器翻译"；另一部分是自然语言的数学理论，这是机器翻译研究工作的理论部分，也就是今天我们所说的"数理语言学"，它是机器翻译的理论基础。

我国是继美国、苏联、英国之后，世界上第四个开展机器翻译研究工作的国家。当今在机器翻译方面居于先进水平的日本，是在1958年才开始进行机器翻译试验的，起步比我国晚。

其实，在机器翻译研究列入我国科学工作发展规划之前，我国一些有远见卓识的学者已提出了利用机械来进行翻译的思想。我国著名藏文专家于道泉教授在1956年9月21日的《中央民族学院院刊》上，就发表过《谈谈翻译的机械化》一文，提出了翻译机械化的初步想法[①]。不过，具体的机器翻译研究工作，则是当它列入了我国科学工作发展规划的正式课题之后才开始的。

1957年，中国科学院语言研究所和计算技术研究所合作，开展俄汉机器翻译的研究。

---

① 于道泉《谈谈翻译的机械化》，《中央民族学院院刊》，第12期，1956年。

1958年8月,这两个研究所联合成立了机器翻译研究组,他们以俄文数学文献(彼德罗夫斯基著的《偏微分方程讲义》)为主要材料,制定了一套俄汉机器翻译规则系统。同年11月,中国科学院语言研究所正式成立了机器翻译研究组,该组一方面与计算技术研究所合作研究俄汉机器翻译,一方面又与北京外国语学院合作研究英汉机器翻译。12月,北京外国语学院和广州华南工学院也分别成立了俄汉机器翻译研究组。

1959年3月,北京外国语学院成立了英汉机器翻译研究组,4月,哈尔滨工业大学成立了俄汉机器翻译研究组。中国科学技术情报研究所也参加了语言所和计算所的俄汉机器翻译研究工作。

1959年,联合研究组在我国制造的104大型通用电子计算机上,进行了俄汉机器翻译试验,词典包括2030个词条,语法规则由29个线路图表组成,翻译了9个不同类型的较复杂的句子,输入利用穿孔纸带,输出的是代码而不是汉字(当时还没有汉字输出装置)。这次俄汉机器翻译试验是中文信息和计算机最早的结合。

1960—1961年,语言研究所、计算技术研究所,北京外国语学院和中国科学技术情报研究所等单位的研究人员,在过去研究成果的基础上,又制定了一个新的俄汉机器翻译方案,即1961型方案,依据的材料是机械文献的一篇论文,共291句。这个方案中提出的"相关分析独立生成"原则以及中介成分理论,至今仍然为我国的机器翻译研究工作所采用。此外,在1960年初,语言研究所与北京外国语学院协作,还编制过一个英汉机器翻译规则系统,但没有上机试验。

1961—1964 年,各研究组分别整理了国外的一些机器翻译资料,公开发表过一些论文,并出版了《机器翻译浅说》一书,对当时我国机器翻译的一些情况作了初步的总结。

1963 年,中国科学技术情报研究所在新方法室正式设立了机器翻译研究组。

1966—1975 年,由于种种原因,我国机器翻译研究工作完全停顿,刚建立起来的各个研究组都解体了,刚培养出来的研究人员也改了行。机器翻译工作沉寂了近十年。

1975 年 11 月,在中国科学技术情报研究所设立了一个由中国科技情报所、语言所和计算所等单位工作人员组成的机器翻译协作研究组,同时建立了全国机器翻译协作领导小组筹备组,下设办公室,由中国科技情报所牵头。协作组以冶金题录 5000 条为试验对象,制定英汉机器翻译方案并上机试验。后来,冶金部情报所、化工研究院、林科院情报所、上海情报所等单位相继参加协作。1977 年,这个协作研究组举办了机器翻译训练班,培训机器翻译研究人员,学员们一边学习,一边研究,为英汉冶金题录的研究做了有益的工作。

1978 年 5 月,在计算所 111 机上进行冶金题录抽样试验,抽样 20 条,达到了预期的效果。由于 111 机上无汉字输出装置,输出的是汉语拼音。在此期间,计算所研究人员于 1984 年 4 月进行了英汉、法汉、德汉题录翻译试验。

1978 年下半年,语言所机器翻译研究室恢复。黑龙江大学成立了英汉机器翻译研究组。

1978 年 11 月,中国科技情报所安装了 TK–70 计算机和 T 4100 汉字信息处理系统,并在这台计算机上继续进行更大规模的冶金题录机器翻译试验。第一阶段以原来的冶金题录5000条为素材，进一步作全面的试验，用汉字输出了全部译文，译文正确率70%—80%，翻译100条题录平均需要1小时15分钟。第二阶段又扩大了素材范围，除原有的5000条冶金题录之外，又从国外磁带上选取了2700条题录上机试验，试验素材共7700条，由于素材扩大，翻译正确率降低到50%，但翻译速度没有因为素材的扩大而降低，翻译100条题录仍需1小时15分钟左右。这个时期的综合词典共收词4000多条，另有数百条成语和多义词。

1979年，哈尔滨工业大学机器翻译组正式恢复，专门研究俄汉机器翻译。

1979年10月，中国科技情报所选派了两名研究人员到法国格勒诺布尔理科医科大学进修机器翻译。他们在法国分别进行了汉—法/英/日/俄/德多语言机器翻译试验及汉语生成试验。多语言机器翻译试验的研究成果，于1982年6月在布拉格召开的国际计算语言学会议上发表，引起了国外学者对我国机器翻译工作的兴趣。

1980年9月，中国科技情报学会第一次全国机器翻译学术讨论会在北京召开，会议收到论文34篇。接着，1981年12月，中国科技情报学会在昆明召开第一次全国机器翻译会议，参会代表13人，语言研究所刘涌泉、刘倬，中国科技信息研究所冯志伟、蒋映鹏，计算技术研究所吴逊等参加了会议。

1982年3月，中国科技情报学会第二次全国机器翻译学术讨论会在上海召开，到会代表64人，宣读论文27篇。

1983年5月，中国中文信息研究会自然语言处理专业委员会在武汉成立。同年10月,在北京召开的中文信息处理国际研讨会上,我国部分机器翻译工作者宣读了论文,与国外同行进行了交流。

1984年3月,《中国的机器翻译》一书在上海出版,此书收入了70年代以来我国机器翻译论文8篇,反映了70年代以来我国机器翻译研究的新成果。同年10月,中国科技情报学会与中国中文信息研究会在常州联合举行第三次全国机器翻译学术讨论会,到会代表73人,交流论文43篇。

1982年初,由于原机器翻译协作研究组的人员陆续回原单位工作,中国科技情报所又重新组织本所力量研制冶金题录英汉机器翻译系统。试验素材除原来的7700条冶金题录之外,又增选了1500条冶金题录,共9200多条,词典也扩大到2万个词条,经过1982—1985年的三年的研究试验,译文正确率平均为67%,速度也有所提高,翻译100条题录平均只需要1小时。目前,这个系统又进一步扩充了词典,词典条目8.7万条,其中,综合词典2万条,成语词典6.7万条。

从1982年以来,我国在机器翻译专用软件的设计方面也取得了一定的成绩。北京火星研究所设计了由COBOL语言支持的机器翻译专用语言SCOMT,并用这种专用语言研制了一个有一定规模的英汉机器翻译系统。黑龙江大学设计了由LISP语言支持的机器翻译专用语言NT–83和RI–84,并分别用这样的专用语言进行了英汉机器翻译试验。其中,NT–83及RI–84专用语言已于1984年12月通过了鉴定。

后来,又有一些单位开展了机器翻译的研究工作,如邮电部情报所进行了INSPEC文献磁带通讯题录的英汉机器翻译试验,试验成功后,已开始投入使用,出版了由机器翻译的通讯题录刊物,华南工学院用 APPLE Ⅱ微型机进行了英汉机器翻译试验。此外,还有人着手研究英文到蒙文的机器翻译。

由上所述可以看出,我国的机器翻译研究工作起步较早,60年来虽然经过了许多曲折,这项新兴的信息处理技术仍然倔强地在我国发展着。

第二节　机器翻译的方式

机器翻译的方式可以从翻译技术的平面来分,还可以从翻译过程来分。

1. 从翻译技术的平面来分,可以分为 4 类:

(1)单词平面的翻译:简单地进行单词的对译,把原语的单词逐一变换为译语的单词。例如,英语的 I am a student 这个句子译成汉语时,因 I 对应于"我", am 对应于"是", a 对应于"一个", student 对应于"大学生",逐词对译,即可得到"我是一个大学生"这样的中文译文。单词平面的翻译,只需要单词本身的信息,并不需要句法、语义和语用方面的信息。

(2)句法平面的翻译:识别单词的词类及形态特征,根据句法规则进行句法分析,并作必要的词序变换以产生译文。例如,英语"Did you see a white cow?"这个句子译成汉语时,不仅要知道 you 对应于"您", see 对应于"看见", a 对应于"一个", white 对应于"白", cow 对应于"奶牛",而且还要知道,当"奶牛"前用"一个"这样的数量结构修饰时,量词"个"要换为"头", did 不能直接翻译出来,而应该把句子译成汉语的疑问句,句末加“吗”,由于 did 是过去时,因此,“看见”后要加“了”。经过了这一番句法分析,适当地变换词序,才可以得到中文译文“您看见了一头奶牛吗?”

(3)语义平面的翻译:除了进行单词对应及句法分析之外,还要分析语义。例如,英语 John bought the car from Mary 这个句子译成汉语时,不仅要知道各个英文词相对应的汉语词以及它们之间的句法关系,而且要分析语义,得出其语义是“X CAUSE Y HAVE Z”(X 使 Y 有了 Z),其中,X=Mary, Y=John, Z=car,其具体含义是:“玛丽使约翰有了汽车”,从这样的语义出发,可以译为的汉语句子有:“玛丽把汽车卖给了约翰”“约翰从玛丽那里买了汽车”“汽车被玛丽卖给了约翰”等。

(4)语境平面的翻译:在自然语言中,句子的意义不仅仅依赖于句子本身的形式,而且还依赖于该句子的语言环境(即上下文)以及讲话时的背景。例如,英语的 bank 这个词有两个意思:一个意思是“河岸”,一个意思是“银行”,因此, Stay away from the bank 这个句子存在歧义,可以译为“离河岸远一些”,也可以译为“离银行远一些”,这要看讲话时的背景来决定。如果这句话是对站得离河岸太近的孩子的劝告,那么,应译为“离河岸远一些”;如果这句话是对存款人的劝告,那么,应译为“离银行远一些”。在许多情况下,这种歧义现象还超出了单词本身的范围,牵涉到句法结构。例如, He saw that gasoline can explode 这个英语句子。that 可以作宾语从句的引导词用,也可以作限定词用, can 可以作助动词用,也可以作名词用(其含义为“桶”),这样,这个句子便可以有两种不同的结构;当 that 作宾语从句的引导词并且 can 作助动词时，gasoline（汽油）是宾语从句的主语。因而其译文是“他明白了汽油可能会爆炸”；表示认识到了 gasoline（汽油）的一种性质；当 that 作限定词，并且 can 作名词时，gasoline can 成为了名词词组 that gasoline can 的一部分，表示一种装汽油的容器，因而其译文是“他看到了那个汽油桶爆炸”。在英语中，由代词以及由 one 及 another 这样的词引起的歧义往往要靠许多背景知识才能解决。例如，在 When a bright moon ends a dark day, a bright one will follow 这个英语句子中，a bright one 是指 brighter day（更晴朗的白天）呢，还是指 brighter moon（更皎洁的月亮）呢？这个问题就是靠天文知识恐怕也解释不清楚了。

2. 从翻译过程来分，可以分为 3 类：

（1）直接式翻译（direct translation）：直接地把一种语言译为另一种语言。系统设计时，带着译语的眼光来分析原语，从而把双语言的转换工作减低到最小限度。直接式翻译又可分为句子直接式翻译、结构直接式翻译和语义直接式翻译三种。句子直接式翻译就是把原语的一个句子不经任何分析直接翻译为译语的相应句子。翻译规则就是原语句子与译语句子的直接对应规则。目前市场上出售的大多数袖珍电子翻译器就是按句子直接式翻译的方法设计的。结构直接式翻译从原语与译语的对比差异的角度来分析原语的句子结构，在分析原语时，就要同时直接地考虑它在译语中应该如何对应，应该如何调整词序等。语义直接式翻译又叫作融合式翻译，它要求透彻地分析原语的语义，在原语语义分析的同时，就直接进行译语的选择，这样，当原语语义分析结束，也就同时生成了译语。融合式翻译的过程，首先要对原语作句法分析，得出原语的句法结构，接着就进行语义分析，得出语义结构就可直接生成译语。

（2）转换式翻译（transfer translation）：整个机器翻译过程分为原语分析、原语译语转换和译语生成三个阶段。在原语分析阶段，翻译系统分析输入的原语文句，得出原语的句法结构和语义结构；在原语译语转换阶段，把原语分析阶段的结果加以转换，使之变成易于生成译语的中间结构，并进行词汇转换，为原语的单词选择出恰当的译语；在译语生成阶段，把转换阶段所得的结果，根据译语的句法规则和语义规则，进行词序调整，并根据译语的词法规则给单词加上形态变化的词尾，最后输出译文。根据转换平面的不同，转换式翻译又可细分为单词转换式翻译、句法转换式翻译、语义转换式翻译和语境转换式翻译4种。

（3）轴枢式翻译（pivot translation）：由于原语和译语都能同样正确地表达思想，它们之间必有一个统一的中间表达者，这个统一的中间表达者，叫作轴枢（pivot）。翻译时，先把原语转换为统一的轴枢，再由统一的轴枢转换成译语。

上述情况可总结为图5.1。

目前，大多数机器翻译系统的水平都还处于句法平面和语义平面的翻译上，语境平面的翻译研究得还很不够，轴枢式的翻译研究得就更差，虽然从理论上说它们不失为两种很好的方式，但实际上做起来是非常困难的。

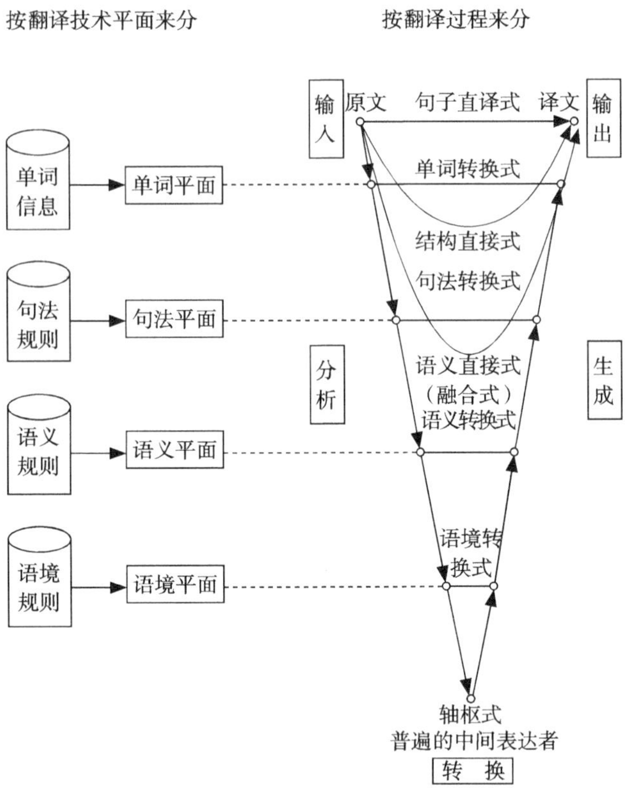

图 5.1　机器翻译的方式

冯志伟曾在句法平面和语义平面上，采用转换式翻译进行过汉法机器翻译试验及德汉机器翻译试验，下面是部分翻译结果：

汉法机器翻译

力 学 简 史

汉语输入: 12 Octobre 1981

在史前的时期,实践的力学已经产生了。理性的力学由阿基米德所创立。亚里士多德建立了力学的理论。但是亚里士多德没有区分静力学的,运动学的和动力学的性质。在16世纪,古尔丁发现了简单机械的理论。伽利略发现了物体的自由下落的定律。伽利略从这个定律中得出了惯性的想法和力的概念。托里折利发现了空气的重量。在17世纪,牛顿确立了在作用和反作用之间的相等性的原则。牛顿还发现了万有引力的定律。数学的一切的进展都被力学所利用了。在18世纪,欧拉和伯努利分析了固体的、液体的和气体的运动。达兰贝尔把力学的一切问题都归结为平衡的问题。拉格朗日在一篇力学的论文中提出了虚速度的定理。在我们的时代,爱因斯坦创立了相对论的理论。现代力学正在迅速地发展着。

法语输出: 12 Octobre 1981

À la periode préhistorique, la mécanique pratique a pris naissance. La mécanique rationnelle fut créée par Archiméde. Aristote établit la théorie des mécaniques. Mais Aristote ne distingua pas les propriétés statiques, cinèmatiques et dynamiques.Au sèzième siècle, Guldin trouva la théorie des machines simples. Galilée trouva la loi de la chute libre des corps. Galilée en dégagea l'idée de l'inertie et la notion de la force. Torriceli trouva la pesanteur de l'air. Au dix—septième siècle, Newton affirma le principe de l'égalité entre l'action et la réaction. Newton trouva la loi de la gravitation universelle.Tous les progrès des mathématiques ont été utilisés par la mécanique. Au dix-huitième siècle, Euler et Bernoulli analysèrent le mouvement des solides, des liquides et des gaz. D'Alembert ramena toutes les questions de la mécanique à la question de l'équilibre.Lagrange proposa le théorème des vitesses virtuelles dans un traité de la mécanique. A notre ère, Einstein créa la théorie de la relativité. La mécanique moderne est en train de se développer rapidement.

德汉机器翻译

Energieproblem（能源问题）

德文输入：3 July 1985

Das Energieproblem ist zu einer grossen Herausforderung geworden. Forscher und Ingenieure müssen alles daransetzen. In der öffentlichen Diskussion sind die Meinungen über die richtigen Ansätze zur Energiesicherung Kontrovers. Die Skaia der Forderungen reicht von einschneidenden Sparmassnahmen zu unvertretbar aufwendigen Projekten für Sonnenkraftwerke. Viel wird dafür getan. Die

Weltreserven an Primärenergieträgern wie Erdöl sind nicht unerschöpflich. Ebenso sicher ist aber auch, dass im Zeitalter der Elektrifizierung der stark expansive Bedarf an elektrischem Strom durch Umwandlung in Sekundärenergie gedeckt werden muss. In dieser Schrift werden die Technologien dargestellt. Der Nutzung der Kernenergie als zuver lässige Quelle einer gesicherten Stromversorgung ist eine sachlich orientierende Übersicht gewidmet. Die Aufgabe wird am Beispiel der Forschungsarbeit dargestellt. Das Energieproblem ist den richtigen Ansätzen in der Diskussion gewidmet.

中文输出: 3 July 1985

能源问题成为了一个巨大的挑战。研究人员们和工程师们必须全力以赴。在公开的讨论中关于能源保护的正确估价的意见是有争论的。从有力的节约措施到太阳能发电站的不合理的昂贵的设计要求的尺度足够了。为此做了许多事情。在像石油这样的一次能源载体方面的世界储量不是取之不尽的。在电气化的时代中对电流的强烈的不断增长的需要必须通过转换成二次能源来满足,这毕竟也同样是确定无疑的。在这篇文章中技术陈述了。一项面向实际的观察有助于作为一种安全供电的可靠来源的核能利用。任务以研究工作的例子来陈述了。在讨论中能源问题得到了正确的估价。

可以看出,这样的法语及汉语的机器译文,比较粗糙,带有

"机器味",但是,它们合乎语法,通顺可读。

第三节　机器翻译中的语言分析方法

机器翻译是建立在语言学、数学和计算机科学这三门学科基础上的一种信息处理技术,不过,由于它的研究对象是自然语言,因此,它与语言学的关系最为密切。没有扎扎实实的语言研究工作,机器翻译是搞不好的。

在国外机器翻译的研究中,已提出不少的语言分析方法,这些方法基本上可以分为两类:一类是弱面向模型的语法(weakly model-oriented grammars),它着重于处理方法本身,是描写性的;另一类是强面向模型的语法(strongly model-oriented grammars),它着重于理论,是规范性的。

弱面向模型的语法主要有:英格维(V. Yngve)提出的结构格式分析法,洛德斯(Ida Rhodes)和埃丁格尔(A. G. Oettinger)提出的预示分析法(predicative analysis),加尔文(P. Garvin)提出的支点分析法(fulcrum approach),布龙菲尔德(L. Bloomfield)提出并由威尔斯(K. S. Wells)发展了的直接成分分析法(immediate constituent analysis),帕克–洛德斯(A. F. Parker–Rhodes)和尼德哈姆(R. Needham)提出的团块理论(clump theory),瑟卡托(S. Ceccato)提出的关联语法(correlational grammar),威尔克斯(Y. Wilks)提出的语义优先法(preference semantics)等。

(1)结构格式分析法:所谓结构格式分析法,就是首先根据词的分布状态把它们分成若干类别,再根据这些类别确定词组类型,并构成词组类型清单。在进行机器翻译时,首先借助机器词典把词的类别特征记录在文句中所有的词上，然后，计算机把所要分析的文句与词组类型清单进行比较，从而在文句中找到相应的词组类型。这样，就可确定文句中词与词之间的句法关系。

（2）预示分析法：所谓预示分析法，就是计算机在从左向右扫描句子时，后面每一个词的句法作用可以由前面一些词的句法作用预示出来。例如有A、B、C三个词，对词B进行分析时，可用下列方式完成：

① 辨明词A的哪种信息和词B本身的特性一致；

② 根据对词B的分析结果，为词C提供一个或几个信息。

如此连续进行下去，直到完成原语句子的整个分析为止。

（3）支点分析法：支点分析法中的所谓支点（fulcrum），就是一种决定句法单位性质的语言成分。例如，在俄语中，句子的支点是谓语部分，而谓语部分的支点是人称形式的动词或短尾形容词。支点分析法先由句子的最小成分开始分析，然后逐渐把这些成分组织成越来越大的单位。

（4）直接成分分析法：直接成分分析法把句子作为最大的语言研究单位，经过一系列的分割和再分割，产生出越来越小的句法成分。使用这一方法来作自动句法分析法，对于所分析的句子必须分层次逐层地进行多次扫描。

（5）团块理论：团块理论采用格论的方法建立语言的格论模型，从而研制出一种形式化的句法语段规则系统。这种形式化的句法语段，称之为团块（clump）。用团块理论来做自动句法分析时，也要对所分析的句子进行多次扫描，并根据从属关系和支配关系把有关的句子成分组织起来。

（6）关联语法：关联语法要分析每一个词汇单元与语言中其他各成分之间的关联关系，做出一份数量有限的关系表，从而建立起自动句法分析的规则系统。

（7）语义优先法：语义优先法又叫作优选语义学。这种方法提出了义素（semantic elements）、义式（semantic formules）、裸模板（bare templates）、模板（templates）、超模板（paraplates）五种语义单位。由义素构成义式以描写单词的语义，由义式构成裸模板及模板以描写简单句的语义，再由超模板描写更大的文句单位，一直到段落的语义。在分析时要按语义的优先关系进行选择。采用语义优先法来分析语言，不必经过形态分析和句法分析等中间阶段，形态和句法信息都由语义信息的单位表示出来，这样，就摆脱了传统句法分析的框框，使整个机器翻译系统牢固地扎根在语义的基础上。

强面向模型的语法主要有：海斯（D. Hays）的从属理论（dependency theory），兰姆（S. Lamb）的层级理论（stratificational theory），海里斯（Z. Harris）和乔姆斯基的转换理论（transformational theory），塞耐沙尔（D. Senechalle）的组成理论（formational theory），蒙塔鸠（R. Montague）的蒙塔鸠语法（Montague grammar）等。

（1）从属理论：从属理论的目的在于建立句子各成分之间的从属关系，采用从属树把这种关系表示出来。

（2）层级理论：层级理论认为，语言的结构可以分为若干个等级严格的平面（或层级）；最低的是语音平面，最高的是语义平面，语言就是一个严格的层级系统。

（3）转换理论：转换理论认为，一种语言中有一定数量的基本的句子类型，叫作核心句，该语言中其他较为复杂的句子可以利用转换规则从核心句来生成，因此，一种语言就可以看成是由核心句及其转换式组成的系统。

（4）组成理论：组成理论是在转换理论的基础上，把符号行的数学理论加以形式化而提出来的，这种理论采用元语言（metalanguage）来描写对象语言（object languages）。

（5）蒙塔鸠语法：蒙塔鸠语法把内涵逻辑学运用于自然语言研究，这种语法能够把由树形图表示的句子的深层结构转换为句子的内涵逻辑表达式，从而揭示出句子的语义内容。这样，就把句法分析与语义分析巧妙地结合起来，使得这种理论别具一格，兼收并蓄。在机器翻译中，在进行原语的结构分析时，采用蒙塔鸠语法把原语的语义用恰当的内涵逻辑表达式表现出来，然后再由这样的内涵逻辑表达式生成译语。

20 世纪 70 年代以来，自动句法分析的方法在原有基础上得到了进一步的发展。例如，依尔列（Earley）于 1970 年在直接成分分析法和转换理论的基础上，提出了 Earley 分析法。这种分析法把自顶向下与自底向上两种办法结合起来，从树形图的顶点开始，逐级下降进行试探，最后造出能表示句子结构的成分结构树来。柯克（Cocke）和杨格（Younger）等提出的 Cocke–Younger–Kasami 分析法（CYK 分析法）。这种分析法与 Earley 分析法的不同之处在于，它是从树形图的末端结点开始，逐级上升进行试探，在横向进行搜索，最后造出能表示句子结构的成分结构树来。这两种分析法大大地提高了自动句法分析的效率，使用起来也更为灵活。

我国机器翻译研究人员结合汉外及外汉机器翻译的实际，也提出了一些行之有效的语言自动分析方法。其中主要有以下几种：

（1）中介成分分析法：这是我国学者根据外汉机器翻译特点提出的一种独具风格的语言自动分析法。中介成分既不是机器翻译中的原语成分，也不是机器翻译中的译语成分，而是介于原语和译语之间的语言成分。中介成分是采用结构直接式翻译，通过原语的语法分析和语义分析，并考虑到译语转换而得出的，它不仅能表示语言成分的功能意义，而且还能表示语言成分的分布关系和反映两种语言的对比差异。

制定中介成分的原则有三条：逻辑语义原则、结构层次原则和对比差异原则。把这三条原则综合起来考虑，可以得出几十个中介成分。在相关分析独立生成的外汉机器翻译系统中，外语分析是相关于汉语来进行的，分析的结果得出各种中介成分，然后根据中介成分所表示的逻辑语义、结构层次和对比差异的信息，独立地生成汉语。

中介成分分析法在我国使用了20多年，影响比较大。近来，有的学者在中介成分的基础上，又提出了用于独立分析独立生成系统的“形式—逻辑成分”。这样，中介成分分析法就不仅可用于相关分析独立生成系统，而且也可以用于独立分析独立生成系统了。

（2）逻辑语义分析法：这种分析法认为，语言之所以能够成为交际工具是由于它的表义性。所谓“表义”，就是表达逻辑语义。在机器翻译时，尽管原语和译语之间在结构上是各不相同的，但是，它们所表达的逻辑语义则是共同的，因此，应该着重地进行逻辑语义分析，把机器翻译系统建立在逻辑语义的基础上。

每个语言片段通常包含着三种逻辑语义关系：①语言的传输者和语言的接受者之间的关系；②说话人和语言片段内部其他实体之间的关系；③除说话人之外，语言内部各实体之间的关系。前两种关系叫作Ⅰ类逻辑语义关系，后一种关系叫作Ⅱ类逻辑语义关系。Ⅱ类逻辑语义关系主要表示施事、动作、受事、空间、颜色、性能等，其中，施事、动作、受事叫作主要逻辑语义项，空间、颜色、性能叫作次要逻辑语义项。在逻辑语义结构中，"动作"是核心。在对一个句子进行逻辑语义分析时，基本单位是词。承担逻辑语义的词叫实体词，不承担逻辑语义的词叫关系词。实体词及其词组叫作逻辑语义核，关系词及其词组叫作非逻辑语义核。对一个句子或一个短语进行逻辑语义分析，就要求解这个句子或这个短语中各个逻辑语义核的逻辑语义及它们所处的层次。

句子的句法结构可以有歧义，但逻辑语义却没有歧义，所以，同一个逻辑语义可以用不同的句子结构来表达。这样，采用逻辑语义来描述句子，就可以大大地简化描述方法，得出比较明确简括的结论。

（3）多标记多叉树形图分析法：这种分析法认为，语言的句子并不是一个简单的线性符号串，而是一个非线性的多层次的树形结构，语言中的任何一个句子都隐含着一个树形图。树形图的几何形状反映了句子的层次结构，叫作句子的几何值。树形图中各个结点上的标记可以记录语言成分的词类信息、词组信息、语义类别信息、词和词以及词组和词组之间的语义关系信息、词和词以及词组和词组之间的逻辑关系信息，这些信息叫作句子的代数值。为了充分地表示句子的几何值和代数值，可采用多标记多叉树形图。在这种树形图中,树的各个枝是多叉的,并把二叉树看成多叉树的一种特殊情况,这样就便于表示汉语中的一些特殊结构,充分表达汉语句子的几何值。在这种树形图中,每个结点上的标记不是一个而是多个,这就便于表示形态、句法、语义、逻辑等各方面的信息,充分地表达汉语句子的代数值。多标记多叉树形图的这种优点,在用于表示除汉语之外的其他语言时也是存在的,因此,它是一种用于描述各种语言的通用的数据结构。采用多标记多叉树形图分析法,机器翻译的过程就是进行树形图的变换,首先造出原语的树形图,然后把原语的树形图转换为译语的树形图,最后取出译语树形图中各个叶子上的词汇单元,经过一定的形态变化之后,就可得到译文。

在此方法的基础上,我国学者又进一步提出了中文信息MMT 模型,既可以用于汉语的自动分析,也可以用于汉语的自动生成,详见本书第四章第三节。

(4)序列转换法:这种方法认为,机器翻译就是用计算机把一个符号序列转换成另外一个符号序列的运算,它无须也没有必要建立在对原语及译语的理解的基础之上,而只是机械地进行序列转换。序列转换有四种类型:

① 等值复写:用译语中与原语语义等值的词项按原语原来的顺序排列输出;

② 调位:用译语中与原语语义等值的词项按不同于原语的顺序排列输出;

③ 增项:在译语的序列中,增加了原语序列中没有的词项;

④ 减项：在译语的序列中，删除了原语序列中的某一个或某几个词项。

序列转换法认为，这四种类型的运算概括了一切语言间的机器翻译的全部运算，因此，机器翻译系统无非就是这四种类型的序列转换系统。

（5）核心成分分析法：这种分析法认为，句子是由若干个核心成分组成的，每一个核心成分由一个核心词与若干个从属成分构成。一个核心成分可以通过一定的关系词或者根据它在句中的分布状态与另一个核心成分发生关系，成为另一个核心成分的从属成分。如果一个核心成分的核心词直接与从属成分发生关系，则叫作直接核心成分；如果一个核心成分通过关系词间接成为另外一个核心成分的从属成分，则叫作间接核心成分。在进行译文生成时，要根据核心成分的性质来调整词序，首先调整直接核心成分内部的词序，然后再调整间接核心成分的词序，最后调整直接核心成分与间接核心成分之间的词序，输出译文。

除了上述五种分析法之外，在一些机器翻译系统中，还采用国外机器翻译研究中提出的一些方法以及人工智能的一些方法。

第四节　机器翻译中的程序技术

在机器翻译中，语言研究和程序设计都是不可忽视的，语言研究固然是机器翻译成败的关键，但程序设计绝不是处于无足轻重的地位，因为语言研究提出的词法、句法和语义的规则，是机器翻译规则系统的内容，而程序设计提出的算法，则是这些规则在计算机上运算时的表达形式，程序设计是否合理，对于整个机器翻译系统的实现有着直接的影响。

早期机器翻译系统的程序设计的目的，只是建立一套实现算法的执行程序。20 世纪 70 年代以后，机器翻译的程序设计要求从机器翻译的总体上考虑问题，除了建立实现算法的执行程序之外，还必须加上一些辅助程序。目前的发展趋势是力图研制控制整个机器翻译过程的程序系统，它应包括如下内容：

① 实现机器翻译算法的执行程序；

② 控制机器翻译过程的控制程序；

③ 实现外部语言到机器内部语言转写的编译程序；

④ 在上述三种程序的工作过程中，实现人机交互的程序。

目前的许多机器翻译系统都力求做到自然语言的数据与计算机的执行程序完全分开，这样的程序系统便可以灵活而有效地控制整个机器翻译过程。例如，借助于这样的程序系统，用户可以自如地准备语言数据，根据自己的需要，既能执行整个机器翻译过程，也能够执行机器翻译中的某一阶段，如果在执行中发现问题，还可以随时追踪，找出问题的症结，使机器翻译系统的开发有了一个良好的软件环境。

法国格勒诺布尔理科医科大学研制的 ARIANE–78 系统，就是这种机器翻译专用程序系统的典型。该系统由 ATEF、ROBRA、TRANSF 和 SYGMOR 四个部分组成，它可以控制原语形态分析、原语结构分析、原语译语词汇转换、原语译语结构转换，译语结构生成、译语形态生成等机器翻译过程的六个阶段、如图 5.2 所示。

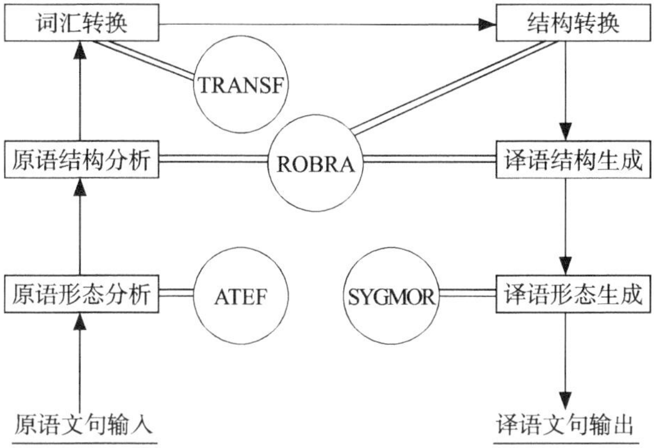

图 5.2　ARIANE–78 系统

从图 5.2 中可看出，原语形态分析由 ATEF 执行，原语结构分析、原语译语结构转换、译语结构生成都由 ROBRA 执行，原语译语词汇转换由 TRANSF 执行，译语形态生成由 SYGMOR 执行。输入的原语文句是字符链，执行过程中变为树形图，经过树形图的转换，最后变为译语文句的字符链作为输出。

ARIANE–78 系统中，语言和程序是完全分开的，语言工作者把编好的语言数据送入计算机，ARIANE–78 系统就开始工作。首先由编译程序对人编的语言数据进行处理，使之成为可由计算机执行的语言数据，然后由执行程序进行语言数据的解释和转换。语言数据的修改可在人机交互的情况下进行，执行过程中可以进行各种形式的跟踪显示。如图 5.3 所示：

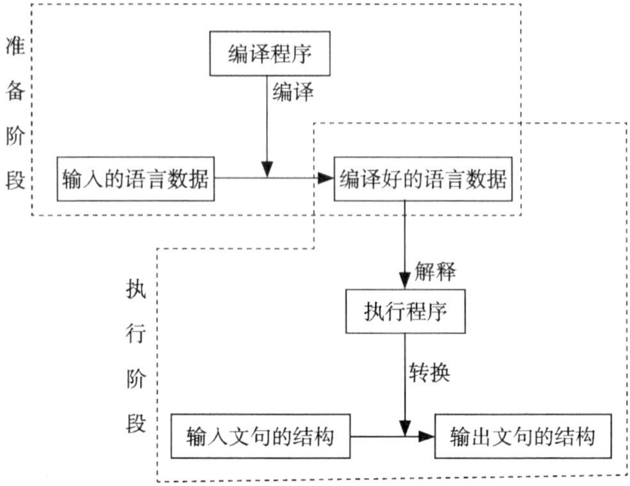

图 5.3　程序系统示意图

实践证明，用这样的程序系统进行机器翻译十分有效，非常方便。

此外，还有加拿大蒙特利尔大学的 Q 系统，美国的勃拉特（V. R. Pratt）开发的 LINGOL 系统，佩莱拉（F. Pereira）和瓦楞（D. Warren）开发的 PATR–Ⅱ系统，凯依（M. Kay）开发的 MIND 系统，日本京都大学的 PLATON 系统和 GRADE 系统，日本电子技术综合研究所的扩张 LINGOL 系统，日本富士通公司的 ESPER 系统都给机器翻译系统的研制，提供了有利的软件环境。这些系统的特点是：

① 便于追加语法规则和语义规则，追加规则之后，不会对翻译结果产生不利影响；

② 制约条件的写法可读性强，由于机器翻译规则十分复

杂，系统极为庞大，为便于规则的修改和优化，各种制约条件的写法应清晰易读；

③ 易于决定规则的优先次序；

④ 易于发现规则中的错误。

这些专用软件系统给语言学工作者提供了一种便于书写程序的工具。当然，用来写其源程序的语言都是一些高级语言或汇编语言，除了 LISP 语言、PROLOG 语言、PASCAL 语言之外，还使用 FORTRAN 语言和 C 语言，这些语言的使用一般需要较高的程序技巧。目前，在国外机器翻译的研究中，仍然把机器翻译软件环境的开发作为他们的一个重要课题。

在我国的许多机器翻译系统中，程序设计主要是采用 COBOL、BASIC、BOL（一种简化的 COBOL）等高级语言来进行的。这些高级语言并不是专门为机器翻译而研制出来的，我国机器翻译工作者在用这些高级语言来设计机器翻译规则系统的实践中，积累了不少经验，提出了许多方法。

机器翻译词典存查方面的方法主要有：

（1）地址拉链法：机器词典可以由一部综合词典和若干部分词典（如成语分词典、语义多义分词典、语法多义分词典等）组成，这些词典都是按一维符号表的形式存放的，可用地址指示字彼此联接，构成一个完整的词典系统。这种按地址指示字彼此联接的存词典方法，叫作地址拉链法。采用地址拉链法可把各部词典联接成一个统一的整体，这种方法查准率高，查找速度快，可节省存储单元，并把各分词典的造词典方法统一起来，为程序设计的标准化提供方便。

（2）分词典—二分法：把词典中所有的词按词首两个字母

的不同分出若干记录段，并把每个记录段的起始地址记录在一个 26×26 的矩阵表中。查词典时，首先根据词首两个字母，在矩阵表中查出该词所在记录段的起始地址，然后根据这个地址到相应的记录段中用折半二分法查词，从大到小逐次地把记录段折半分为两部分进行找查，直到查出该词为止。这种方法叫作分词典—二分法。用这种方法查词，其速度比按字母表顺序从头到尾逐个地查词快得多。

（3）随机取词法，根据记录的某个函数，通过一定的计算方法，直接推算该记录段的存放地址，然后再根据另一个函数，从找到的段中检索出所要查找的词。这种方法叫随机取词法。例如，在 JFY-Ⅱ英汉机器翻译规则系统中，取词首字母、词长、构成词的各字母的叠加值和词尾字母四项区别特征作为词的随机函数。在这四项区别特征中，词首字母用二位数表示，词长用二位数表示，词中各字数的叠加值用三位数表示，词尾字母用二位数表示，这样，就可以把任何词转换成一个九位数字定长的随机函数，然后，再取上述四项区别特征各个数的个位，得到一个四位数作为段的地址。

在词序调整方面的方法主要有：

（1）搬家法：根据外汉机器翻译的相关分析过程中得到的中介成分所提供的信息来调整成分的次序，应该移位的成分，就具体地移动位置，进行成分搬家。在英汉机器翻译系统中采用搬家法时，主要使用三种算法：

① 二次扫描加工算法：先从句末到句首依次取词对间接成分进行搬家，然后再从句首到句末依次取词对直接成分进行搬家。

② 一次扫描加工算法：从句末到句首依次取词，用搬家法一次加工调整所有成分的词序。

③ 一次扫描按轴心词调位的算法：从句末到句首依次取词对各成分进行搬家，对于定语性成分和状语性成分，则先找到它们相应的轴心词，然后找到其连带成分，用搬家法进行调位。

（2）双向链法：双向链由符号及其左链头和右链头三部分组成，这种调序方法不需要实际移位，只要改变符号左链头和右链头的内容就行了。双向链法不需要单独的生成程序，译文的生成程序就是译文的输出程序。这种方法可以实现符号链的分层直接转换，从原语的分层符号链，经过分层结构分折，得出译语的分层符号链。

（3）单向链法：这种方法只利用符号链及其左链头两个参数便能把语言符号链接起来。这对于外汉机器翻译是很合适的。因为在外译汉时，词序的调整主要是把位于中心词后的连带成分移位到中心词之前，只用左链头已足以进行这样的调序。当然，如果再加上一个右链头，使用起来就更方便。

（4）优先数法：根据句中各成分优先数的大小来调序。例如，在汉语名词词组中，中心名词之前的各个修饰语的顺序就有一个优先的顺序，如果按这些修饰语的优先数的大小排序，就可以生成正确的译文。

（5）逐次膨胀法：在调整词序时设 A、B 两个区，首先将句法树的根放在 A 区，依次加工 A 区各元，加工时，把 A 区中的根所支配的各个直接后裔按句法规律顺次放入 B 区排序，也就是 A 区中的各个根在 B 区中分别膨胀为一个符号串，待 A 区中各个根都加工完毕之后，再将 B 区中相应的符号串分别放入 A 区中，反复进行这样的过程，直到 A 区中各个元加工完毕为止。采用逐次膨胀法，一个句子一般只要膨胀 2—3 次，就能调好词序。

在多年的机器翻译实践中，我国许多机器翻译工作者认识到，要提高机器翻译的研究水平，把翻译规则与程序设计分开是一个至关重要的问题。过去许多机器翻译系统中，翻译规则与程序设计是不分的，先由语言学工作者设计一套分析语言的方案，再由软件人员根据这套方案设计相应的程序，这实质上是让搞语言研究的人去设计算法，而目前我国机器翻译界搞语言研究的人员，绝大多数是学外语出身的，他们缺乏足够的数学和计算机科学的训练，对于计算机的算法不甚了解，一时难于设计出比较理想的算法。另一方面，软件工作者只是根据语言方案去做程序，由于他们的语言学素养不够，他们对于语言方案的理解是比较肤浅的，在许多情况下，往往是知其然而不知所以然。在这样的知识背景下设计出来的机器翻译系统，其扩充性很差，又不便于修改，语言方案的细微变化往往会导致整个程序的大变动，牵一发而动全身。因此，大家普遍感到需要由软件工作者设计一种面向语言学工作者的机器翻译专用语言来写机器翻译的程序。这样一来，语言学工作者可以不考虑程序和算法上的种种细节而深入地研究语言的规律，而软件工作者也可以在专用语言的设计、调制和维护中，充分发挥自己的专长。而双方在合作共事中，又可以有效地学习对方之所长，更新自己的知识，取长补短，相得益彰，提高机器翻译的研究水平。

近年来，我国设计的机器翻译专用语言主要有如下五种：

（1）JF–111 系统：这个系统从自然语言的形式模型出发，建立了多语言通用算法，使各种语言和各种文体都用同一个软件系统进行翻译，而把具体语言的特殊性反映在语言数据表中，从而使算法实体和语言数据实体相互独立。这个系统还建立和采用了各种类型的语言数据表，包括词典、词组表、词式表、语法表和表算法。翻译质量可以反复地试验和改进这些语言数据表来提高。此外，还采用自动化上机系统作为软件支援，使源级语言数据到目标级语言数据的变换由软件自动实现，而语言学工作者只在他们所习惯的源一级上工作。这个系统进行过英汉、德汉和法汉机器翻译试验。

（2）JFY 专用语言：这种专用语言具有进行机器翻译方面的各种运算的基本功能以及便于描写机器翻译算法的语句。变量的类型动态可变，由赋值决定，无须说明其类型。运算中，数的运算和行的连接运算不受机器字长的限制。函数可以递归定义和递归调用。

（3）NT 专用语言：这是一种建立在 LISP838 语言之上的机器翻译专用语言，它可向语言学工作者提供具有独立使用意义的判断函数及操作函数。判断函数可判断某一序列相邻各项的性质，进行“与”“或”“非”等逻辑运算。操作函数可进行调位、增项、赋值等操作，并可进行自左到右、自右到左的扫描，以及把某一序列归并为一个结点等操作。NT 语言对自然语言翻译系统没有任何限制，可用来实现各种语言分析方法和规则系统。NT 语言支持下的词典及规则系统没有顺序和数量的限制，词典中各词项的性质可自由定义，词典可随时自由修改，规则也可任意修改、增删或改变顺序，不影响系统的运行，现用 NT 语言已写成 HT83 英汉机器翻译系统，并上机做了试验。

（4）SCOMT 专用语言：这是一种在 COBOL 环境下工作的面向问题的机器翻译专用语言，用户按照 SCOMT 语言提供的符号和规则格式写出自然语言处理的规则，通过一个用 COBOL 语言写成的、嵌入 COBOL 源程序的解释程序，就可以执行这些规则。SCOMT 语言具有判断、传送、取词、转移等功能，并可调用子程序，进行不同层次间结点的互访。它有一套完整的词法、句法规则，具有自动语法检查功能，可以有效地对语言学工作者写的 SCOMT 语句进行词法、句法检查，保证系统的正常运行。由于 SCOMT 的解释程序是用 COBOL 写成的，用户在使用过程中，如果还需 SCOMT 语言具有一些新的功能，可用 COBOL 编写子程序，只要适当地补充解释程序中的有关部分，就可以扩充其功能。采用 SCOMT 语言已上机通过了一个有一定翻译能力的英汉机器翻译系统，词典容量 5000 条，语法、语义规则 2400 余条。

（5）RI 专用语言：这是一种在 LISP 环境下工作的、以模式匹配技术为核心的机器翻译专用语言。它的系统函数是由不同于 LISP 系统函数的一套函数组合而成的，语言学工作者只要把这些函数组合起来，根据自然语言的规律，就可以写出丰富多彩的翻译规则来。这样，修改规则时，不必修改系统本身，达到了语言规则与软件系统分开的目的。RI 专用语言于 1984 年作了进一步优化，既可以进行自底向上分析，又可以进行自顶向下的预示分析，同时，把 LISP 系统函数作为 RI 系统函数的一个子集，用它来写翻译规则就更为方便，更为灵活。采用 RI 专用语言已写成 MT–H86 英汉机器翻译系统，并上机通过了试验。

除了上述五种专用语言之外，语言研究所机器翻译研究室还采用表处理技术设计了翻译规则的解释程序。这些工作都能达到语言规则数据化的目的,语言学工作者只管语言规则的建立,软件工作者则专心致力于软件的设计和优化。用专用语言来写机器翻译的语言规则,只要巧妙地把语言规则作为数据通过专用语言表达出来就行了,这就大大地加速了我国机器翻译研究工作的进展。例如,火星研究所在没有使用 SCOMT 专用语言时,用 COBOL 来写机器翻译程序,主要模块的程序总量达 13 400 行之多,只好采用叠置的方法,甚至不得不删去某些有用的语言处理规则;采用 SCOMT 专用语言之后,整个分析和转换的程序量只有 1500 多行,而语言处理的功能还进一步扩充了。由此不难看出采用专用语言的优越性。

第五节　机器翻译的困难性和它的工程化

我国的机器翻译研究工作在语言研究和程序技术方面都取得了不小的成绩,但是,至今为止,我们还没有一个真正实用的高质量的机器翻译系统,因为不论在国内还是在国外,机器翻译都面临着理论上的巨大困难。

机器翻译的对象是自然语言,而理解自然语言的过程是极其复杂的。首先要识别语言的形态,弄清楚各个词的形态变化所表示的语法意义,进行词法分析;要识别句子的句法结构,进行句法分析。在进行词法分析和句法分析时,还需要有一部词典,以便了解句子中各个词的含义。这一切叫作“短时记忆”(short term memory),这种记忆仅在分析当前的这个句子时起作用。其次,还要辨识句子的语义,使用一部语义词典进行语义分析，这时，需要对文章的整个片段有一个统一的理解，这种记忆叫作“段落记忆”（episodic memory）。最后，为了理解一个句子，更为重要的是必须具有各种背景知识，这些知识是人们在长期的实践中逐渐积累起来的，叫作“长时记忆”（long term memory）。如图 5.4 所示。

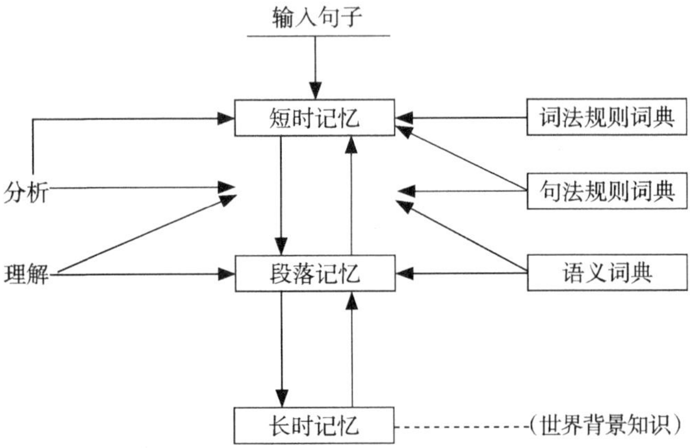

图 5.4　理解自然语言的复杂性

要真正理解语言，必须具备上述三方面的“记忆”。事实上，人们在理解语言的过程中，这三个方面的“记忆”是同时进行工作的。这个极为复杂的过程只在极短的时间内就完成了。人们理解语言过程的复杂性，决定了机器翻译的困难性。曾有人指出，英语中 the appearance of the man under the tree with a broken branch near the edge of the road in the town with a market 这个短语可以有 429 种解释，可见自然语言理解之复杂。

早在 1960 年，美国著名机器翻译学者巴希勒（Y. Bar-Hillel）

就指出了机器翻译的困难性。他认为,一个高质量的翻译系统,在生成译语之前,必须理解(understand)输入文句。这种理解,对于一个搞翻译的人来讲,他必须具有丰富的背景知识才能做到,而这种背景知识,在翻译过程中又是无意识地被运用着的,翻译者本人甚至也不易察觉出他利用了这些背景知识。从这种观点出发,巴希勒指出:"机器翻译不仅需要一部词典来支持,而且需要一部包罗万象的百科全书来支持,而这纯属空想,是不值得进一步讨论的。我们知道, ……,我们可以通过我们力所能及的推理立即知道某些事实,而严格地说,这些事实原来并不存在于我们的记忆之中。虽然我们知道机器也能够进行同样的推理,但是,究竟通过什么样的方式使机器能够像有智慧的人那样进行推理,迄今还没有什么可靠的说法。"① 因此,巴希勒对用机器翻译能否得到满意的译文表示怀疑。他指出,用电子计算机进行全自动高质量翻译(Full Automatic High-Quality Translation,简称 FAHQT),如果不是不可能,至少也是非常困难的。

多年来我们在机器翻译中所遇到的各种难题,如歧义问题,上下文环境的识别和确定问题,代词所指问题,句子中相关词的照应问题,省略成分的复原问题,连词(如英语中的 and,法语中的 et,德语中的 und)的作用范围问题等,之所以长期得不到解决,就是因为这些问题,除了与短时记忆和段落记忆有关系之外,还与长时记忆有关。这就牵涉到常识推理、知识背景和知识表达等因素,而这些因素在目前的技术条件下,是非常难于

① Y. Bar-Hillel, The present status of automatic translation of languages, 《Advances in Computers》, Vol.1, p.160—161, Academic Press, New York, 1960.

形式化的。

从理论上说，机器翻译进行的是两个无限集之间的转换：一个是原语的无限集，一个是译语的无限集。它要用一个有限的机器翻译规则系统，从原语的无限集中取出句子，把它转换为译语无限集中的相应句子。要进行这种转换，计算机科学目前只能提供五种办法。

① 简单枚举：制定枚举规则，把原语中的句子转换为译语中相应的句子，由于原语和译语都是无限集，因而这样的枚举规则必定也是无限的，这样庞大无比的无限个规则的机器翻译系统显然是很难实现的。

② 采用有限状态文法：有限状态文法及其相应的有限状态自动机对于词法分析是有用的，效率也比较高，但用于句法分析就显得繁琐庞杂。

③ 采用上下文自由文法，上下文自由文法的乔姆斯基范式具有二分特性，而自然语言的句法结构也具有二分特性，所以，采用上下文自由文法可以描述相当一部分句子，但是，还有许多语言现象用这种文法不能作出恰当的描述。

④ 采用上下文敏感文法：上下文敏感文法可以较好地表示上下文关系，但是，它无法对语义及知识背景作出恰当的描述，处理自然语言时显得无能为力。

⑤ 采用图灵机：图灵机是电子计算机的数学原型，目前许多计算机程序语言的编译系统都可以用图灵机描述，而且，采用有限状态文法、上下文自由文法、上下文敏感文法所生成的语言，都可以用图灵机识别。但是，对于自然语言这种复杂的涉及多方面因素的无限集，用图灵机亦难以作出有效的描述。

因此，在现有的科学水平之下，计算机科学还不能从理论上证明，用一个有限的机器翻译规则系统来进行原语的无限集与译语的无限集之间的转换是可能的，也就是说，机器翻译的能行性问题，至今还没有在理论上得到严格的证明。

过去，我国的机器翻译试验，规模最小的只通过了几个句子，规模最大的也只通过了几千个句子，这样的一些句子与自然语言的无限集相比，只不过是沧海之一粟。这些机器翻译试验的成功，并不足以说明机器翻译的能行性问题业已得到证明。这个问题的彻底解决，还有待于计算机科学的发展。由于机器翻译的能行性在理论上尚未得到证明，因此，这种研究工作就必然带有盲目性，这就使得机器翻译的研究工作变得更加艰巨。

对于上述这些理论问题，国外已经组织力量进行探索。美国斯坦福大学语言与信息研究中心从美国系统发展委员会得到 1500 万美元的资助，用于研究一个以“情景语言”（Situated language）为中心的研究工作。所谓“情景语言”是指人或机械施动者（如机器人或计算机）在特定环境下用于交换、存贮与处理信息的语言。这项研究工作集中了美国计算机科学、人工智能、哲学、逻辑学、语言学等学科的学术带头人，着重探索如下五个方面的问题：

① 研究在不同平面上描述人类言语活动的综合理论；

② 研究可用计算处理的有关言语活动心理过程的理论；

③ 把计算看成一种语言活动，在一个普遍的语言学解释下，重新考虑计算机科学的理论和实践；

④ 把现存的理论扩展为一个易于理解的“情景语言”理论，给出一个更加统一的理论来刻画人类语言与计算机语言的模型；

⑤ 研究上述理论的共同基础。

这样的研究将有助于进一步揭示机器翻译中至今尚扑朔迷离的各种困难问题的奥秘。

我国机器翻译工作者也曾经从数理语言学的角度，对于形式语言理论、语言学中的公理化方法等作过一些探索，把计算机工作也看成是一种语言文字工作，把计算看成一种语言活动。但是，限于我国目前的条件和研究人员的水平，我们还不能开展像斯坦福大学这样大规模的研究，看来短期内很难在理论上有重大的进展。

然而，科学史上的大量事例说明，许多在理论上未弄清楚的问题却可以在工程化的过程中产生实用性的效果。四个现代化的迫切要求催促着我们，使我们不能等机器翻译的奥秘在理论上得到完全的阐明之后，再来研究它的实用问题，因此，我们主张我国机器翻译研究工作的工程化，通过工程化机器翻译系统的研究，尽快地让机器翻译研究产生实用效果。在工程化的机器翻译系统的研究中，应该注意如下问题：

(1)采用部分优化技术：全自动高质量的机器翻译是十分困难的，它的能行性尚未在理论上得到证明，因此，我国机器翻译研究当前不能以全自动高质量为目标。我国过去曾经研制过一些全自动的机器翻译系统，某些系统的个别译文质量也很好，甚至与人的译文不相上下，但这些系统都是以数十个句子或数百个句子作为翻译素材，超过这个界限，就会得到质量极为低劣的不可阅读的译文，甚至根本得不出译文。这样的系统显然不能叫作全自动高质量的机器翻译系统。从工程化的角度考虑，为了利用现有的技术使机器翻译具有实用价值，我们对于原语涉及的范围、译文的质量以及自动化程度等三个方面作一定的限制。这种限制叫作部分优化技术(suboptimization),包括原文限制、机助人译和人助机译三个内容。

原文限制就是对原语的无限集进行一定的限制,可以分为自然限制和人为限制两种。自然限制就是把研究对象局限于原语无限集的某一特殊领域内的子语言。当然,这种子语言也是一个无限集,但由于专业领域或文体的限制,多义词处理以及上下文分析就变得比较容易了。人为限制就是要求作者按规定书写原文,这种规定要便于用户控制原文的书写与机器翻译的过程,并对两者进行调整。对作者提出的限制要简单、自然,不妨碍表达其思想。采用原文限制的方法,可以在原语无限集的子语言内,使机器翻译达到较高的质量,而不丧失全自动的长处。

机助人译就是由人做翻译过程中智能较强的工作,而让计算机做一些人们确信它能够胜任的辅助性工作。这些工作主要包括:利用多窗口终端同步地显示原文和译文;检查文章中的拼写和语法错误;建立便于维护和更新的联机词典;查阅多种语言同义词汇库及远程专用数据库;自动词法分析;查询已译出资料的公共数据库,等等。在机助人译中,随着计算机翻译能力的提高,人们可以把自己要做的辅助工作逐渐地交给计算机来做,经过长期的改进和维护后,最后过渡到全部由机器来进行翻译。

(2)处理好探索性研究与工程性研究的关系:任何一个工程化的机器翻译系统都是要经过长期的调试和不断的优化之后才可能建成的,因此,在工程化机器翻译系统研制的初期阶段,必定要进行大量的艰苦的探索性研究。词典中每增加一个常用词，就可能要在系统中增加新的规则，或者要修改原有的规则，而新的规则的发现和增加，又往往会导致整个系统的规则的重新组合和调整。只有当词典中常用词的信息基本上确定下来，常用词的频度覆盖面增加到所研究子语言素材的90%以上，而且系统的规则基本上能反映这种子语言的语法面貌和语义关系的时候，才有可能进入工程性研究的阶段。但是，常用词一般都是语法多义词或语义多义词，如英语的"of"，法语的"de"，汉语的"的"等高频度常用词，其用法是极为复杂的，而如果这些词的信息给得不恰当，由于它们在文章中到处出现，必将严重地影响到规则系统的质量和效用。因此，在探索性研究阶段，一定要下苦功夫来研究常用词的用法及基本的语法语义规律。在工程性研究阶段，主要任务是扩充词典，进一步优化规则。这一阶段的工作量也很大，但是，只要探索性阶段的研究做得比较扎实，就可以保证工程性阶段研究的顺利进行，收到水到渠成的效果。所以，在工程性机器翻译系统研究的全过程中，应该把主要的力量放在探索性研究阶段，决不能因为要搞工程性研究而忽视或放弃探索性研究。

（3）处理好全局性研究和局部性研究的关系：过去我国许多机器翻译系统的研究工作，一般总是选择一定数量的素材，然后对这些素材进行语言调查，抽象出其语法语义规则，最后根据语言调查的结果，编制机器翻译规则系统，建立机器词典。由于规则和词典都是针对事先选择好的语言素材编制的，所以，在这些语言素材的范围内，一般都能得出比较好的译文，但是，一旦增加新的语言材料，译文质量就急剧下降。用这样的方式建立的机器翻译系统是无法实用的。机器翻译的工程化显然不能采用这样的方式,而是要进行全局性的研究,建立有较大适应性的机器翻译规则系统。全局性研究一般可分两步进行。首先从原语和译语的总体出发,设计出一个抽象的算法和在抽象数据上实施的一系列抽象操作,建立抽象的语言模型,而不管语言现象的各种具体的细节。这种全局性的抽象语言模型的设计,要求尽可能全面地反映原语和译语的语言面貌,因此,它应该建立在全面地进行语言研究的基础之上。在全局性的抽象语言模型建立之后,就不难把它分解成若干个相对独立的子问题,进行局部性的研究。由于各个子问题只涉及局部的环境和条件,因此有可能精细入微地研究它们的各种细节,建立起机器翻译的规则系统来。采用这样的方式建立的规则系统,还需要通过大量的语言素材进行检验,在实践中不断地丰富和充实。如果在工程化机器翻译的研究之初,就陷入各种局部性问题的细微末节中去,而不能从全局性的抽象语言模型的角度去观察问题,只见树木,不见森林,等到发现系统在全局上左支右绌、进退维谷的时候,再回过头来搞全局性研究,那就会造成人力和上机时间的浪费,甚至导致整个机器翻译系统的报废。可见,如何正确地处理好全局性研究和局部性研究的关系,把这两方面的研究恰当地结合起来,是机器翻译的工程化应该注意的一个问题。

(4)开展产生式汉语语法的研究:我国的机器翻译系统绝大部分是外译汉系统,由于我们对汉语语法研究得不够,这些系统都有“虎头蛇尾”的毛病:外语分析部分比较完善,规则也比较丰富,形成一个“虎头”,而汉语生成部分则相当薄弱,规则寥寥无几,恰似一个“蛇尾”。这种“虎头蛇尾”的情况严重地影响了汉语译文的质量。而机器翻译的目的就是要输出合格的汉语译文,汉语生成部分搞不好,尽管外语分析部分花了九牛二虎之力,译文质量也不会高,其结果也只是事倍而功半。至于汉译外系统,汉语的研究就更为重要了。因此,我们认为有必要结合机器翻译的需要,开展汉语产生式语法的研究,对汉语语法和语义现象做出解释并指出其出现的条件,使机器翻译规则系统的研制有条件可依。关于汉语产生式语法的基本原理、在本书第四章第六节中已讲述过,兹不赘述。为了研究汉语产生式语法,在我国机器翻译队伍中,应当适当地补充一些有志于中文信息处理的汉语研究人员。

(5)促进知识更新,改善知识结构:机器翻译是建立在语言学、数学和计算机科学这三门学科基础上的边缘学科,处于文科、理科和工科的交叉点上,涉及的语言也很广泛,汉语、外语都要研究。应该提倡这三个学科的研究人员在机器翻译领域内作适当分工,发挥各自的专长。但是,像机器翻译这种复杂而艰巨的研究课题,研究人员的知识面如果仅仅局限于一个学科之内,不积极地汲取其他两个学科的知识,就不能将三方面的知识有机地结合起来,最大限度地发挥知识上的作用。因此,我们要促进机器翻译研究人员的知识更新,改善机器翻译研究人员的知识结构。一个好的机器翻译研究人员,对自己的本专业知识应该是精研通达的内行,但对于另外两个相关学科的知识也不能是似懂非懂的外行。过去在学校里学的知识远远不能适应机器翻译的要求。对于机器翻译研究者来说,传统的"一次性教育"已是一个陈旧的观念。教育不再仅仅是进入工作岗位前的准备阶段,我们要不断地进行更新知识的再学习,现代语言科学、现代数学、现代计算机科学以及由这些学科相互渗透而产生的数理语言学、计算语言学等新兴学科，都是我们应该熟悉的知识，每一个决定从事机器翻译的研究人员，都要力争使自己成为博识多才、文理兼通的人。如果我们的业务素质提高了，就有可能把精湛的现代化科学知识转化为生产力，从而有力地推动我国机器翻译工程化的进程。

目前，国外正在大力研究机器翻译系统的工程化、实用化问题。欧洲共同体为了将多语言机器翻译系统 EUROTRA 实用化，五年内投资 2800 万美元。法国制定了一个 ESOPE 机器翻译计划，为了使 ARIANE–78 系统实用化，投资 5600 万法郎。日本新一代计算技术研究所的第五代计算机系统，计划十年之内投资 5 亿美元，其中包括研制一个日英实用性机助翻译系统，编制 10 万词的日英机器词典，机助翻译正确率要求达到 90%。机器翻译系统的工程化、实用化已成为大势所趋。我们应当加倍努力，早日研制出能为我国四个现代化服务的机器翻译系统。

本章参考文献

1. 刘涌泉《外汉机器翻译中的中介成分体系》,《中国语文》,1982 年,第 2 期,p.142—147。
2. 刘倬《JFY–II 型英汉机器翻译系统概述》,《中国语文》,1981 年,第 3 期,p.216—220,第 4 期,p.279—285。
3. 董振东《逻辑语义及其在机译中的应用》,《情报科学》,1980 年,第 2 期,p.48—60。
4. 冯志伟《当前机器翻译研究中的一些新特点》,《情报学报》,1982 年,第 1 卷,第 2 期,p.226—233。

5. 冯志伟《我国机器翻译研究工作的发展》,《情报学报》,1985年,第4卷,第3期,p.255—263。
6. Feng Zhiwei, Mémoire pour une tentative de traduction multilingue du chinois en français, anglais, japonais, russe et allemand, Proceedings COLING-82.Prague, 1982.
7. Feng Zhiwei, Automatic generation and analysis of Chinese in machine translation, Proceedings SEARCC'84, Hong Kong, 1984.

第六章　人机对话

人机对话就是利用电子计算机来理解自然语言,使计算机懂得自然语言的含义,并对人给计算机提出的问题,通过对话的方式,用自然语言进行回答。人机对话的情况反映了计算机对自然语言理解的程度,因此,人机对话又叫作自然语言理解(Understanding natural languages)。

同机器翻译一样,用汉语进行人机对话是中文信息处理的高层次研究,目前尚处于探索阶段。

本章将简要叙述人机对话的历史、方法、理论、汉语人机对话试验以及人机对话对汉语研究提出的问题。

第一节　概述

1966年美国公布了ALPAC报告之后,机器翻译研究转入低潮,于是,同自然语言的计算机处理有关的研究,逐渐转向了人机对话。学者们采用各种精巧的方法,尝试着建立计算机系统,让计算机理解自然语言,而判断计算机是否理解了自然语言的最直观的方法,就是人同计算机对话,根据计算机对于人们用自然语言所提问题的回答,就可以看出计算机是否理解了自然语言。这一方面的研究不久便获得了令人鼓舞的进展,因此,当20世纪60年代末机器翻译困难重重、一筹莫展的时候,人机对话却左右逢源、后来居上，而在20世纪70年代初机器翻译东山再起、重振旗鼓的时候，人机对话却已获得了累累的硕果。

人机对话系统可以分为第一代和第二代。第一代系统建立在对词类和词序分析的基础上，分析中经常使用统计方法；第二代系统则开始引进了语义、语境以及语用的因素，全部抛弃了统计技术。

1. 第一代人机对话系统：

这一代系统又可分为四种类型：

（1）特殊格式系统：早期的人机对话系统大多数是特殊格式系统，根据对话内容的特点，采用特定的格式来进行人机对话。1963年，林德赛（R. Lindsay）在美国卡内基技术学院用IPL–V表处理语言设计了SAD–SAM系统，就采用了特定的格式来进行关于亲属关系方面的人机对话，系统内建立了一个关于亲属关系的数据库，可接收关于亲属关系方面问题的英语句子的提问，用英语做出回答。1968年，波布洛（D. Bobrow）在美国麻省理工学院设计了STUDENT系统，这个系统把高中代数应用题中的英语句子归纳为一些基本模式，由计算机来理解这些应用题中的英语句子，列出方程求解并给出答案。60年代初期，格林（B. Green）在美国林肯实验室建立了BASEBALL系统，也使用IPL–V表处理语言，系统的数据库中存贮了关于美国1959年联邦棒球赛得分记录的数据，可回答有关棒球赛的一些问题。该系统的句法分析能力较差，输入句子十分简单，没有连接词，也没有比较级，主要靠一部机器词典来进行单词的识别，使用了14个词类范畴，所有的问题都采用一种特殊的规范表达式来回答。

（2）以文本为基础的系统：某些研究者不满意在特殊格式系统中的种种格式限制，就一个特定的专门领域来讲，他们需要的是不受特殊格式结构限制的系统，这就出现了以文本为基础的系统，如1966年西蒙（R. F. Simmons）、布尔格（J. F. Burger）和龙格（R. E. Long）设计的PROTOSYNTHEX I系统就是以文本信息的存贮和检索方式工作的。

（3）有限逻辑系统：有限逻辑系统进一步改进了以文本为基础的系统。在这种系统中，自然语言的句子以某种更加形式化的记号来替代，这些记号自成一个有限逻辑系统，可以进行某些推理。1968年，拉菲尔（B. Raphael）在美国麻省理工学院用LISP语言建立了SIR系统，针对英语提出了24个匹配模式，把输入的英语句子与这些模式相匹配，从而识别输入句子的结构，在从存贮知识的数据库到回答问题的过程中，可以处理人们对话中常用的一些概念，如集合的包含关系、空间关系等，并可进行简单的逻辑推理，机器并能在对话中自己进行学习，记住已学过的知识，从事一些初步的智能活动。1965年，斯莱格勒（J. R. Slagle）建立了DEDUCOM系统，可在情报检索中进行演绎推理。1966年，桑普逊（F. B. Thompson）建立了DEACON系统，通过英语来管理一个虚构的军用数据库，设计中使用了环结构和近似英语的概念来进行推理。1968年，凯罗格（C. Kellog）在IBM 360/67计算机上，建立了CONVERSE系统，该系统能根据关于美国120个城市的10 000个事实的文件来进行推理。

（4）一般演绎系统：一般演绎系统使用某些标准数学符号（如谓词演算符号）来表达信息。例如，Some girls are pretty（有些女孩是漂亮的）这个英语句子可表示为

$$\exists x\,(\mathrm{Girl}\,(x)\,\&\,\mathrm{Pretty}\,(x)),$$

Every girl is pretty（所有的女孩都漂亮）这个英语句子可表示为

$$\forall x\,(\mathrm{Girl}(x)\rightarrow \mathrm{Pretty}(x)).$$

其中，∃是存在量词，∃ x 表示存在某个 x，∀是全称量词，∀ x 表示对于一切的 x，& 是合取符号，→是蕴涵符号，表示"如果……，则……"。

这样一来，逻辑学家们在定理证明工作上取得的全部成果，就可以用来作为建立有效的演绎系统的根据，从而能够把任何一个问题按照定理证明的方式表达出来，并实际地演绎出所需要的信息，用自然语言作出回答。一般演绎系统可以表达那些在有限逻辑系统中不容易表达出来的复杂信息，从而进一步提高了人机对话的能力。1968—1969 年，格林和拉菲尔建立的 QA2、QA3 系统，采用谓词演算的方式和格式化的数据（formated data）来进行演绎推理，解答问题，并用英语作出回答，这是一般演绎系统的典型代表。

2. 第二代人机对话系统：

1970 年以来，出现了一定数量的第二代人机对话系统，这些系统绝大多数是程序演绎系统，大量地进行语义、语境以至于语用的分析。其中比较有名的是 LUNAR 系统、SHRDLU 系统、MARGIE 系统、SAM 系统和 PAM 系统。

LUNAR 系统是伍兹（W. Woods）于 1972 年设计的一个自然语言情报检索系统，其目的在于帮助地质学家们比较和评价从阿波罗–11 火箭得到的关于月球岩石和土壤的组成成分的化学分析数据，这个系统采用形式提问语言（formal query language）来表示所提问题的语义，从而对提问的句子作出语义解释，最后把形式提问语言执行于数据库，产生出对问题的回答。

SHRDLU 系统是维诺格拉德（T. Winograd）于 1972 年在美国麻省理工学院建立的一个用自然语言指挥机器人动作的系统。该系统把句法分析、语义分析、逻辑推理结合起来，大大地增强了系统在语言分析方面的功能。该系统对话的对象是一个具有简单的“手”和“眼”的玩具机器人，它可以操作放在桌子上的具有不同颜色、尺寸和形状的玩具积木，如立方体、棱锥体、盒子等，机器人可以依据操作人员的命令把这些积木捡起来，移动它们去搭成新的积木结构，在对话过程中，操作人员能获得他发给机器人的各种命令的视觉反馈，实时地观察机器人理解语言、执行命令的情况。在电视屏幕上还可以显示出这个机器人的模拟形象以及它同一个真正的活人在电传机上自由地对话的生动情景。

MARGIE 系统是杉克（R. Schank）于 1975 年在美国斯坦福人工智能实验室研制出来的。该系统的目的在于提供一个自然语言理解的直观模型。系统首先把英语句子转换为概念依存表达式，然后根据系统中存储的有关信息进行推理，从概念依存表达式中推演出大量的事实，由于人们在理解句子时，总要牵涉到比句子的外部表达多得多的内容，因此，该系统的推理有 16 种类型，包括原因、效应、说明、功能等，最后再把推理的结果转换成英语输出。

SAM 系统是杉克和阿贝尔森（R. Abelson）于 1975 年在美国耶鲁大学建立的系统。这个系统采用“脚本”（script）的办法来理解故事。所谓脚本，就是用来描述人们活动（如上饭馆、看病）的一种标准化的事件系列。杉克和阿贝尔森假定，每个人在他的生活实践中，会自然而然地意识到这样的脚本，在理解故事时，这些脚本可以用来建立事件发生的语境，因而也就可以用来预料它所代表的事件的情况，并以这些脚本为背景来理解自然语言，对故事中的人物、地点、事件进行推理，在推理过程中，给它们补充新的信息，最后采用“同义互训”（paraphrase）的方法，根据计算机理解的结果，由计算机复述故事。复述时，由于在推理过程中补充了许多新的信息，因而所复述的故事的内容比原来的故事要丰富得多。

PAM系统是威林斯基（R. Wilensky）于1978年在美国耶鲁大学建立的另一个理解故事的系统。这个系统采用“打算”（plan）的办法来理解故事。所谓打算，就是故事中的人物为实现其目的所要采取的手段。如果要通过打算来理解故事，就要找出人物的目的以及为完成这个目的所采取的行动。系统中设有一个“打算库”（plan box），存储着有关各种目的的信息以及各种手段的信息。这样，在理解故事时，只要求出故事中有关情节与打算库中存储的信息相重合的部分，就可以理解到这个故事的目的是什么。当把一个一个的故事情节与脚本匹配出现障碍时，由于“打算库”中可提供关于一般目的的信息，就不致造成故事理解的失败。

上述系统都是书面语言的人机对话系统，输出输入都是采用书面文字。近年来，学者们又开始研究口语的人机对话问题，让计算机听懂口语，还让计算机用口语回答问题，这牵涉到语音识别、语音合成等一系列十分复杂的技术，显然是更加困难的课题。关于这方面的问题,我们在第一章中已作过介绍,这里就不多讲了。

第二节　人机对话的理论和方法

自从1963年美国学者林德赛建立SAD–SAM系统到20世纪80年代,人机对话的研究已有20多年的历史了,20多年来,学者们提出了不少的理论和方法,归纳起来大致可以分为三类:立足于句法分析的理论和方法,立足于语义分析的理论和方法,立足于概念分析的理论和方法。

1. 立足于句法分析的理论和方法

20世纪50年代在现代语言学中发展起来的乔姆斯基的转换生成语法(transformational generative grammar)是一种“句法自立”的理论,它是建立在句法的基础上的,这种理论对于人机对话的研究有很大影响。

在早期的句法分析系统中,几乎都采用了短语结构语法,对句子进行直接成分分析。在这方面,机器翻译中的一些句法分析方法,如预示分析法、从属分析法等,也被一些人机对话系统所采用。此外,还有美国兰德公司的柯克(J. Cocke)提出的柯克文法(Cocke grammar),宾夕法尼亚大学的海里斯(Z. Harris)提出的线性符号串分析法(String analysis)等。日本学者坂井利之、杉井繁治把短语结构语法的规则分为两类:一类是形容词与名词结合的规则,叫作向心性规则(endocentric rules),这种规则中,各个成分之间的结合力很强:另一类是规定句子基本结构的规则,如主语与谓语结合的规则,叫作背心性规则

(exocentric rules)。句法分析过程中,首先使用向心性规则,组成名词词组,然后再顺次地使用背心性规则,反复地进行复杂句子的分析。

短语结构语法在理论上有不少缺陷,它并不能充分地描述自然语言。有些歧义性的句子,用短语结构语法的层次分析法不能作出正确的分析,特别是对于具有相同的词形、相同的词序以及相同的层次却有两种不同意思的句子,仅仅用短语结构语法不能对这种歧义作出解释。另外,短语结构语法并没有把自然语言的句子从理论上归并成类,它的语法规则都是建立在对各个孤立的句子的描述的基础上的,这样,语言的描写就会显得比较庞杂和琐碎。有时,在一个句法分析系统中使用的规则有若干个,还必须检查这些规则有没有矛盾。如果在规则中出现一词多类的情况,句法分析的运算次数就要大大增加。短语结构语法的这些问题,至今尚未得到解决。

转换语法在句法分析中使用得并不很普遍,这是因为:

①在采用转换语法之前,必须把输入的句子用短语结构语法分析清楚,其运算量非常大;

②由短语结构语法分析得出的结果,再用转换语法进行的运算极为复杂,往往要经过多次的分析和运算;

③就是短语结构语法分析以及转换语法的运算都得出了正确的结果,要把这样的结果变成与转换生成语法中的基础部分相适应的结构也是很困难的,往往要经过多次的检查。

由于上述原因,在人机对话中采用转换语法的系统并不很多,其中比较有名的是 MITRE 公司的系统和佩德里克(S. R. Petrick)研制的系统,这两个系统都是首先采用短语结构语法进行分析，再把分析结果用转换语法按反方向进行运算，最后得到句子结构的基础部分。目前，转换语法的分析程序仅能处理英语句子的一个很小的子集，而且处理的效率很低。

1966年，兰德公司的凯依（M. Kay）发表了一篇论文，提出了上下文敏感语法的表格式分析程序（tabular parser），采用上下文敏感的方式来定义短语结构语法，这个分析程序可接收转换语法的规则，并能同时在若干个分支上进行分析工作，但是试验结果并不理想。这说明了由上下文敏感语法以及转换语法导出的分析规则并不是很有效的。

立足于句法分析的理论和方法中，对自然语言的复杂性考虑得比较充分并且试验结果比较好的是美国学者伍兹（W. Woods）提出的扩充转移网络（Augmented Transition Networks，简称ATN）。扩充转移网络采用状态图来控制自然语言的分析过程，每个状态图相当于一个网络，它由状态（state）和边（arc）构成。在状态图的各个边上，可以注明所分析的词，也可以注明词组类型符号（如名词词组注为NP，介词词组注为PP，助动词注为AUX，动词注为V，名词注为N，介词注为PREP，限定词注为DET，人称代词注为NPR，形容词注为ADJ等）。每一个词组类型符号又可以作为一个子网络的开头，这样，当用扩充转移网络来分析自然语言的句子时，网络中分析到某一词组类型的符号，就可以转移到相应的子网络，如果处理结束或处理失败，可再回到原来的网络继续进行分析，直到分析完整个句子为止。图6.1给出了用于分析英语的一个扩充转移网络的例子，它由网络S及子网络NP和PP构成。

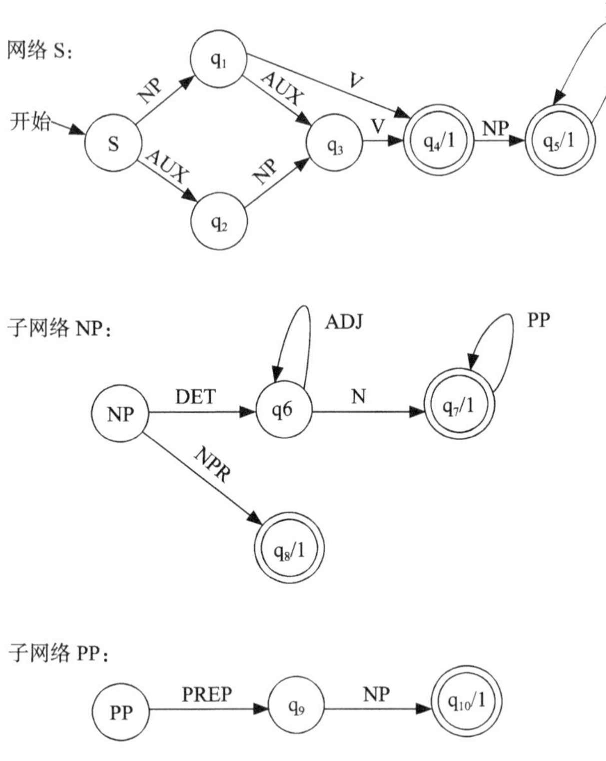

图 6.1　扩充转移网络

在这个扩充转移网络中，S 是初始状态，q_4、q_5、q_7、q_8、q_{10} 都是最后状态(用双圈表示)。它可以分析如“John washed the car”（约翰冲洗汽车），“Did the red barn collapse?”（那个红仓库倒塌了没有？）之类的英语句子。例如，为了分析“Did the red barn collapse?”这个句子，网络的走法如下：从状态 S 开始，由于句子中第一个词是助动词 Did，计算机扫描 Did，沿 AUX 这个边进入状态 q_2，在状态 q_2 扫描到 NP，于是，控制进入名字为 NP 的子网络，扫描 the，由于 the 是限定词，故沿 DET 这个边进入状态 q_6，在状态 q_6，有一个标有 ADJ 的圈，故扫描 red 之后再进入状态 q_6，接着扫描下一个词 barn 而进入状态 q_7，由于 q_7 是最后状态，说明 NP 处理结束，退出子网络 NP，于是，控制由子网络 NP 上托到网络 S。在网络 S 中，从状态 q_3 继续往下分析，扫描到动词 collapse，进入状态 q_4，由于 q_4 是最后状态，而且 collapse 已是句子的最后一个词，分析完毕。

在分析过程中，扩充转移网络同时造出了树形图，表示这个句子的结构，如图 6.2 所示。

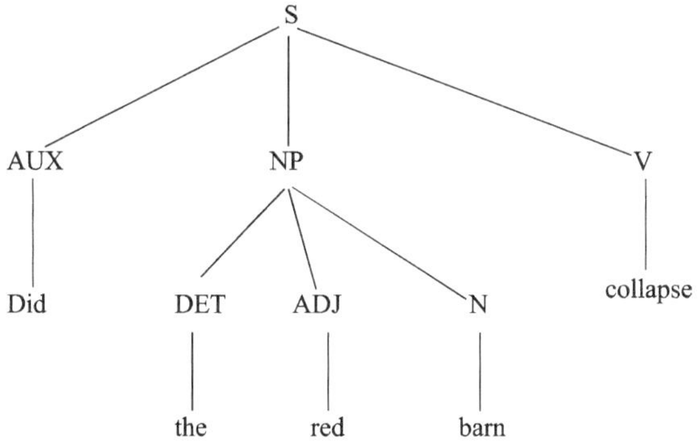

图 6.2　由扩充转移网络造出的树形图

根据这样的句子结构，加以语义解释，便可求得对自然语言的理解。

扩充转移网络已被成功地应用于人机对话的研究中，如 LUNAR 系统就是采用这种方法设计的，它也可以用于句子的生成，因而有的机器翻译系统也采用了扩充转移网络。

2. 立足于语义分析的理论和方法

在句法分析中,必须穷尽地检查规则的各种可能情况,即使只分析一个普通的短句子,句法分析的运算量和程序量也都是很可观的。然而,在这大量的分析中,有许多分析在语义上是不成立的,如果在句法分析中引入语义,就可以首先排出那些在语义上站不住脚的分析,选择那些与语义相适应的分析,从而减少句法分析的运算量和程序量,提高句法分析的效果,大大加快句法分析的速度。这样,语义分析便越来越受到重视,出现了许多立足于语义分析的理论和方法。

美国语言学家卡兹(J. J. Katz)和弗托(J. A. Fodor)于1963年提出了解释语义学(interpretive semantics),采用语义成分来表示名词与动词的语义。

例如,英语的 bachelor(单身汉)、spinster(大闺女)、wife(妻子)、boy(男孩)四个词,可用语义成分 [HUMAN](表示"人")、[MALE](表示"男性")、[ADULT](表示"成年")、[MARRIED](表示"已婚")做如下描述:

bachelor	+[HUMAN]	+[MALE]
	+[ADULT]	−[MARRIED]
spinster	+[HUMAN]	−[MALE]
	+[ADULT]	−[MARRIED]
wife	+[HUMAN]	−[MALE]
	+[ADULT]	+[MARRIED]
boy	+[HUMAN]	+[MALE]
	−[ADULT]	−[MARRIED]

其中，"+" 表示具有某语义成分，"-" 表示不具有某语义成分。

又如，动词 chase（追击）可用语义成分表示如下：

CHASE（X，Y）：

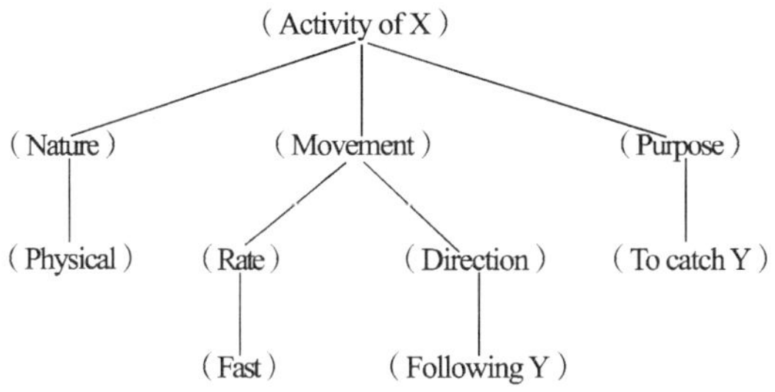

图 6.3　chase 一词的语义表示

图 6.3 可说明，CHASE 涉及（X，Y）两个人，而行动者是 X（Activity of X），这一行为的性质（Nature）是属于体力上的行为（Physical），运动（Movement）的情况是：运动速度（Rate）是快的（Fast），而运动的方向（Direction）是跟着 Y 的方向（Following Y），这一行为的目的（purpose）是为了抓住 Y（To catch Y）。

美国语言学家菲尔摩（C. Fillmore）于 1968 年提出了格语法，采用深层语义格的方式来表示句子中各成分的语义关系，为此，他给英语中的动词制定了格框（case frame）。例如，英语动词 hit（打）、fly（飞）、bake（烘烤）、contain（包含）四个动词要求的格各不一样：hit 牵涉到 x，y，z 三个名词（x hit y with z），fly 也牵涉到 x，y，z 三个名词（x flew from y to z），bake 牵涉到两个名词 x，y（x baked y），contain 牵涉到两个名词 x，y（x contains y），它们的格可用树形图表示为（见图 6.4）：

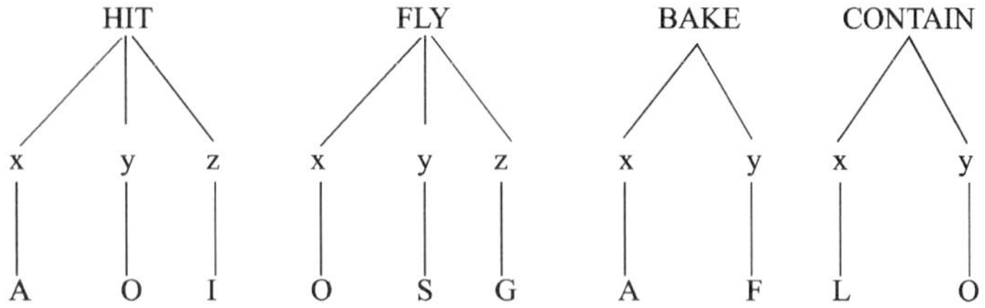

图 6.4　动词要求的格

hit　　　的格框为：[–A+O+I]

fly　　　的格框为：[–O+S+G]

bake　　的格框为：[–A+F]

contain　的格框为：[–L+O]

其中，A，O，I，S，G，F，L 都是菲尔摩使用的格符号，A 表示施事格，O 表示客体格，I 表示工具格，S 表示来源格，G 表示目的格，F 表示使成格，L 表示处所格。格符号前标有 "+" "–" 号，标 "+" 表示该格为必需的，标 "–" 表示该格为随选的。

1970 年，美国语言学家麦考利（J. P. McCawley）和雷柯夫（G. Lakoff）等人提出了生成语义学（generative semantics），把句子的语义表示为原始谓词（primitive predicates）及其关联项的短语结构关系。

例如，"John persuaded Mary to hit Fred"（约翰说服玛丽去打弗莱德）这个英语句子的语义可表示为如下的树形图：

图 6.5 中，PRED 表示谓词（predicate），ARG 表示谓词的主目（argument），S 表示句子，CAUSE 表示 "引起某件事"，COME ABOUT 表示 "发生某件事"，INTEND 表示 "企图"，HIT 表示 "打"，读者从树形图中，不难了解这个句子的语义。

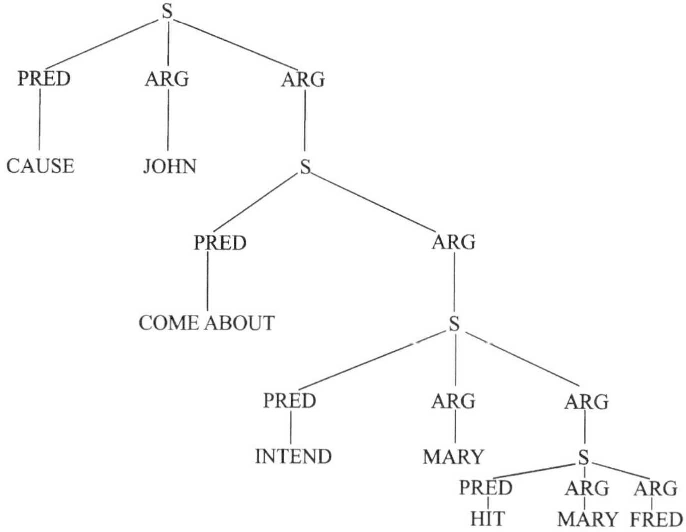

图 6.5　表示句子语义的树形图

解释语义学、格语法、生成语义学都是语言学的理论，后来，学者们在这些理论的基础上，提出了一些语义分析方法。

1972 年，鲁默哈特（D. Rumelhart）提出了动态结构网络（Active structural network），试图描述在记忆系统中语义知识的内部表现形式。例如，“A cowboy woke up John by putting water on him”（牧童把水倒在约翰的身上使他醒过来）这个英语句子，其动态结构网络如下（图 6.6）：

图 6.6 中，把整个句子的语义看成是一种因果关系（CAUSE），事件有其原因，这就是“牧童”（cowboy）作为施事者把“水”（water）这个客体从一个地方（LOC）移动（CHANGE）到另一个地方，这个地方的承载物就是“约翰”（John）；事件的结

果是发生了某种变化(CHANGE),这就是"约翰"作为行为的主体从睡眠状态(ASLEEP)变成了苏醒状态(AWAKE)。

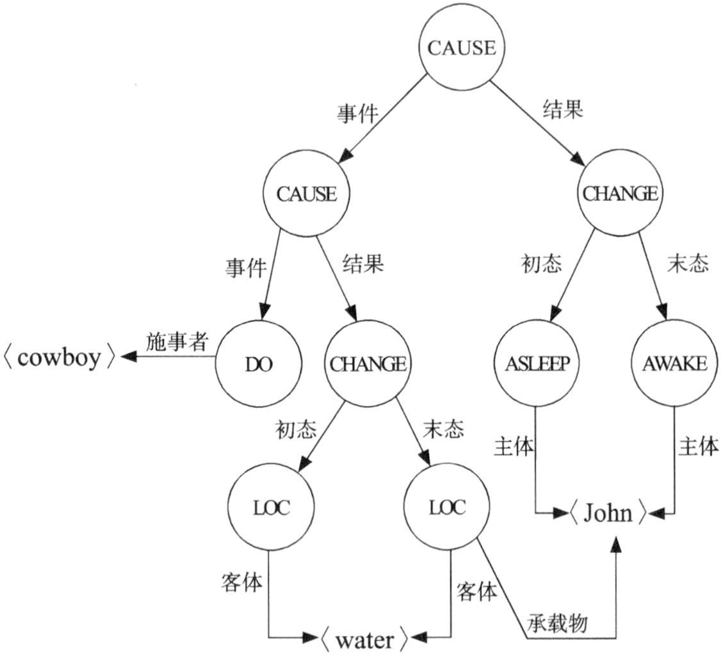

图 6.6　动态结构网络

1968 年,奎尼安(M. R. Quillian)从心理学的角度提出了一种语义网络理论,可以说明在语义记忆中,概念之间的相互联想过程以及推理过程,在这种语义网络中所表现出来的关系,并不是自然语言句子中各成分之间的语义关系,而是上位概念与下位概念,部分概念与整体概念之间的概念关系,其目的在于把语言中个别单词的常识性的典型知识形式化,并把语言外的外部世界的各种事象在记忆中的结合关系形式化。下面是奎尼安和科林斯(A. M. Collins)提出的一个关于“动物”的语义网络:

从图 6.7 中可以看出动物、鸟类、鱼类等概念之间的上位下位关系,同时还可看出它们的共性和特性。

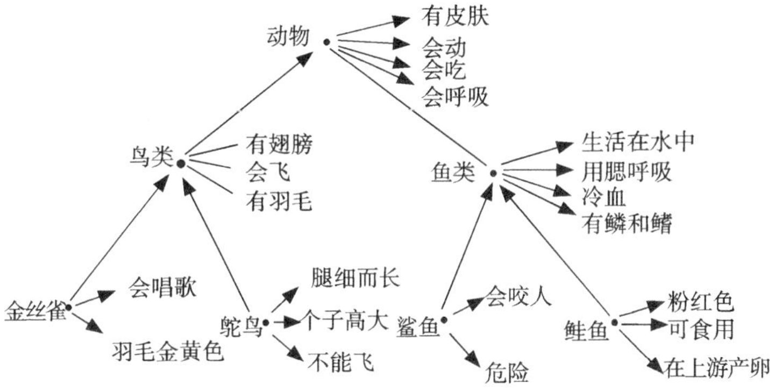

图 6.7 关于“动物”的语义网络

1973 年,西蒙(R. Simmons)从语言学的角度提出了另一种语义网络理论。他根据由菲尔摩提出的、由塞尔斯 – 莫尔西亚(Celce-Murcia)加以发展的格语法,从句子的表层结构直接建立句子的语义结构。这种语义网络以句子中词的概念为结点,以沟通结点之间的有向弧来表示概念与概念之间的语义关系,着重说明各概念结点的深层格,从而求得对自然语言句子的语义的理解。

例如,“John saw Mary dancing”(约翰看见玛丽跳舞)这个英语句子,可用下面的语义网络符号来代表:

C1: TOKEN(see)

TIME PAST

DATIVE C2

OBJECT C3

C2: TOKEN(John)

NUMBER SINGULAR

C3: TOKEN(dancing)

TIME PROGRESSIVE PAST

AGENT C4

C4: TOKEN(Mary)

NUMBER SINGULAR

这里, C1, C2, C3, C4 是语义网络中表示概念的结点, see 的意义项目是 C1,John 的意义项目是 C2,dancing 的意义项目是 C3,Mary 的意义项目是 C4,TOKEN 表示词项,TIME 表示时态, NUMBER 表示数,PAST 表示过去时,PROGRESSIVE 表示进行时, SINGULAR 表示单数, AGENT 表示施事格, DATIVE 表示给予格, OBJECT 表示客体格,它们都是深层格。根据这样的语义关系,这个句子可用语义网络表示如下(图 6.8):

采用语义网络来理解自然语言时,首先借助于扩充转移网络分析输入句的句法关系,同时分析句子的深层格结构,记录语义关系,最后求出输入句子的语义网络,以理解句子的语义。在人机对话中,最后还要使用语义网络,生成对提问的回答,并用自然语言把这种回答表示出来。

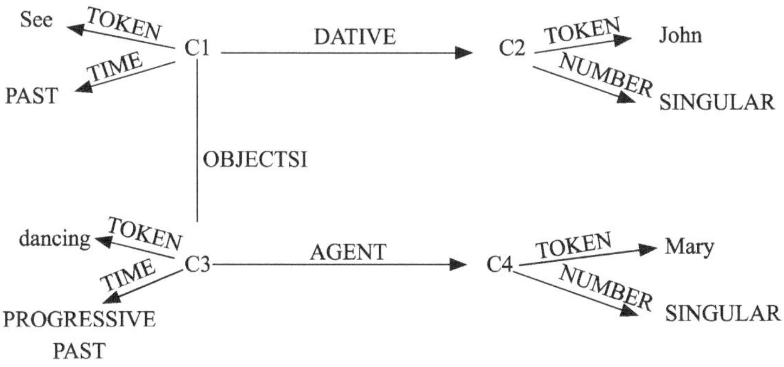

图 6.8　句子的语义网络表示

3. 立足于概念分析的理论和方法：

1973 年，杉克（R. Schank）提出了概念依存理论（Conceptual Dependency Theory，简称 CD 理论）。杉克认为，人脑中存在着某种概念基础（Conceptual base），自然语言理解的过程就是把语句映射到概念基础之中去的过程。概念基础具有完善的结构，人们往往能够根据初始的输入信息预期可能的后续信息，因此，他提出，必须研究概念结构和映射规则，句法分析对语言理解的作用不大。

概念依存理论有三条重要原理：

第一，对于任何两个意义不同的句子，不管这两个句子属于什么语言，在概念依存理论中，其意义的表达式只有一个。

第二，表达式可由数目有限的若干个语义基元（semantic primitive）组成，这些语义基元可以分为基本行为和基本状态两种。

基本行为有下面四类：

① 用于描述物理动作的基本行为。

例如：PROPEL 表示在某个物体上使用体力；INGEST

表示把某物摄入体内；MOVE 表示使身体的某一部分动起来。

② 用于描述状态移动的基本行为。

例如：PTRANS 表示物体的物理位置的转移；ATRANS 表示抽象关系的转移。

③ 用于描述精神动作的基本行为。

例如：MTRANS 表示人与人之间或在一个人身上的精神信息的转移；MBUILD 表示从旧的信息造出了新的信息。

④ 用于作其他的基本行为手段的基本行为。

例如，SPEAK 表示发出声音，ATTEND 表示感觉到外界刺激。

表示基本行为的概念之间的关系，叫作依存(dependency)。依存关系的数目也是有限的，每种依存关系用一种特殊的箭头在图上表示出来。例如，“我把书给了小王” 这个句子的概念依存表达式如下图所示(图 6.9)：

图 6.9 概念依存表达式

图 6.9 中，“我” “书” “小王” 叫作概念结点，ATRANS 这个结点表示一个基本行为，是 “给” 这种抽象关系的转移，标有 R 的三通箭头表示 “小王” “我” “书” 之间的接收或给予的依存关系，因为 “小王” 从 “我” 这里得到了 “书”，标有 O 的箭头表示 “书”，是 ATRANS 这个基本行为的目的物。

概念依存理论的基本状态数目很多，这里仅举出几种：

HEALTH (±n)：表示健康状态

MENTAL–STATE（ ± n ）：表示精神状态

PHYSICAL–STATE（ ± n ）：表示物理状态

括号中的（ ± n ）表示基本状态的程度，程度高的用 +n，程度低的用 −n，n 用数字表示，说明程度的级别。

例如：

老张 HEALTH（–10）　　　　表示"老张寿终正寝"

小王 MENTAL–STATE（+10）　　表示"小王殚精竭思"

玻璃杯 PHYSICAL–STATE（–10）　表示"玻璃杯打碎了"

基本状态和基本行为可以结合起来，例如，"小王告诉小张说，李大妈心安理得"这个句子，可以不用上面的那种带箭头的表达式，而用基本状态和基本行为表示如下：

小王 MTRANS（李大妈 BE MENTAL–STATE（+5））TO 小张。

其中，MTRANS 表示小王把某种精神信息传给小张，也就是"小王告诉小张"，MENTAL–STATE（+5）表示精神状态还好，也就是"李大妈心安理得"，这是精神信息转移的内容。

第三，在句子的意义表达式中，必须把隐晦地存在于句子的意义之中的信息尽量地显现出来。

例如，"小王用小勺吃饭"这个句子，可以用概念依存表达式表示如下（图 6.10）：

图 6.10 中，标有 D 的箭头表示方向依存关系，标有 I 的箭头表示工具依存关系，"嘴"这个结点在原来的句子中并不存在，但它作为一个概念结点进入了概念依存表达式中，因为根据概念依存理论的第三条原理，小王的"嘴"是作为饭的接纳器隐晦地存在于句子的意义之中的，不管它是不是在句子中用文字或

词语表示过，小王吃饭时一定要用“嘴”这个接纳器，因此，应该把它在概念依存表达式中表示出来。

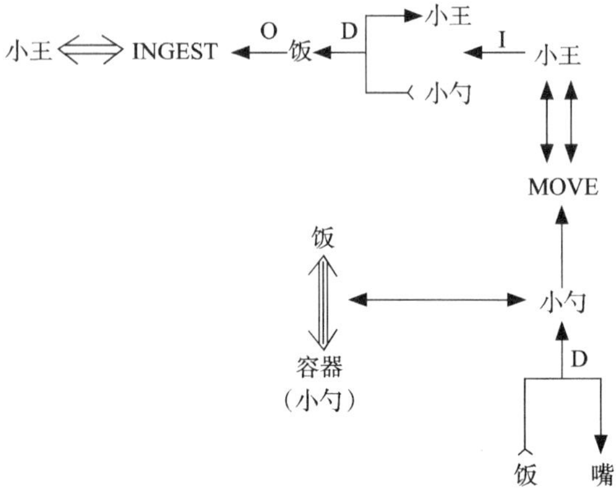

图 6.10　表达隐晦含义的概念依存表达式

采用概念依存理论，可以对一个句子进行同义互训（paraphrase），输入一句话到计算机中去，计算机可用另外一些语句对这句话进行解释或进行推理。

在概念依存理论中，由于具有同一个意义的一切句子只有一个唯一的概念依存表达式，这就为表示句子与句子之间的复杂关系提供了一种简便的方法。杉克等学者在概念依存理论的基础上，还提出了脚本（script）、打算（plan）、目的（goal）、主题（theme）等专门的概念，用以建立了 SAM 系统和 PAM 系统。

1975 年，美国人工智能专家明斯基（M. Minsky）提出了框架理论（frame theory）。所谓框架，就是人们根据由过去的经验所获得的概念来解释新数据的一种结构。框架中有一些槽

(slot),槽中记录着有关的知识。例如,关于“椅子”这个类属概念的框架如下:

“椅子”的框架:

类别:	家具
脚的数目:	整数个(一般为4个)
椅背样式:	硬板椅背、软垫椅背
扶手数目:	0个或2个

其中,类别、脚的数目、椅背样式、扶手数目等就是“槽”,其中记录了有关椅子的各种知识,这样,如果用框架来描述某个人(例如小王)的椅子,便可以根据这个框架中各个槽中存贮的有关知识,来说明小王的椅子的各种特性。例如,下面是小王的椅子的一种可能的框架:

“小王的椅子”的框架:

类别:	椅子
脚的数目:	4
椅背样式:	软垫椅背
扶手数目:	0

根据框架中提供的各种信息,可以解释词义,进行知识性的推理,从而理解自然语言。

上述三种人机对话的理论和方法中,立足于句法分析来进行人机对话比较容易实现,因为句法有一定的形式特征为凭,先确定输入句子的句法结构,再据以解释语义,这应该说是最有把握的。但是,由于句法与语义之间的关系错综复杂,千变万化,精心设计成功的小模型,一旦扩大范围,改变主题,就很可能不再适用了。而且在人听话的时候,显然不是先构拟出一个句法结构,再去进行语义解释,口语对话中的句法结构更是残缺不全,因此,从句法分析入手,句法、语义两步走的办法,未必反映了人类语言交际的真正过程。立足于语义分析来进行人机对话,不受句法结构的约束,直接深入到语义,这是一步走的做法;而且,语义结构同时也反映了逻辑结构,便于进行逻辑推理。但是,单词的语义分类十分复杂,必须进行大规模的研究。日本九州大学的栗原俊彦等目前正在进行这种研究,他们根据单词意义的各个不同方面,把整个词汇系统分成若干个不同的部分,又根据单词的层次特点,来改变系统的组成方式,这种研究工作是特别有价值的。立足于概念分析来进行人机对话,一竿子到底,由词直接表示为某种概念图式,在处理具体的行为、动作等日常生活语句时,这种方法似乎最符合人在谈话时的心理状态,即直接从语句中抽取必需的概念信息,联系头脑中贮存的有关概念基础,获得对整个句子甚至整段话语的理解,而表层结构中的某些繁琐细节、剩余信息以及词语残缺等现象,都无关紧要,不予考虑,这就可以提高计算机处理语言的效率,免除许多庞杂的搜索过程,节省不少时间;而且,自然语言处理的根本问题,说到底是知识的表达和利用问题,也就是如何获得不同种类的知识,并以一种计算机可以使用和处理的方法来表达知识的问题,一旦适当的知识结构和表达理论充分建立起来,自然语言处理就会获得成功。但是,目前人们对于概念的结构、知识的表达等问题,了解得还很不充分,要立足于概念分析来建立大型的实用的人机对话系统还存在不少困难。看来比较可行的办法是把句法分析、语义分析、概念分析三者结合起来,充分利用句法、语义和概念分析方面的研究成果,来促进人机对话研究的发展。

第三节　汉语人机对话系统

我国汉语人机对话的研究起步较晚，比国外的人机对话研究晚了 17 年。国外在 1963 年就建成了早期的人机对话系统，而我国在 1980 年才建成两个汉语人机对话模型。这两个模型中，一个是中国社会科学院语言研究所的“RJD–80 型汉语人机对话系统”，属语言学模型，一个是中国科学院心理研究所的“机器理解汉语——实验 I ”，属心理学模型。语言学模型强调对语言结构本身进行分析，而心理学模型则强调模拟人理解语言时的心理活动，注意语言意义的理解。1984 年，中国社会科学院语言研究所又进行了“TK–84 型汉语人机对话系统”的研制，目前已取得了不少的进展。此外，东北大学计算机科学系还根据表格系统对中文自然语言接口的要求，研制了能进行语义理解的“表格系统的中文自然语言接口”。

“RJD–80 型汉语人机对话系统”采用扩充转移网络理论来进行句法分析。图 6.11 是分析汉语输入句的一个简单的网络图，它能接收几种最简单的陈述句和疑问句，分析其句法结构。

网络中圆圈代表各个不同的状态，双圈代表最后状态，箭头代表连接状态和状态的边；网络 S 中以 S 为初始状态，子网络 NP 中以 NP 为初始状态，网络中有关符号的含义解释如下：

S 表示句子(Sentence);

NP 表示名词词组(Noun Phrase);

VP 表示动词词组(Verb phrase);

ADJ 表示形容词(Adjective);

DET 表示限定词(Determiner);

N 表示名词(Noun);

S/NP 表示直接属于句子的名词词组,即主语;

VP/NP 表示属于动词词组内部的名词词组,即动词

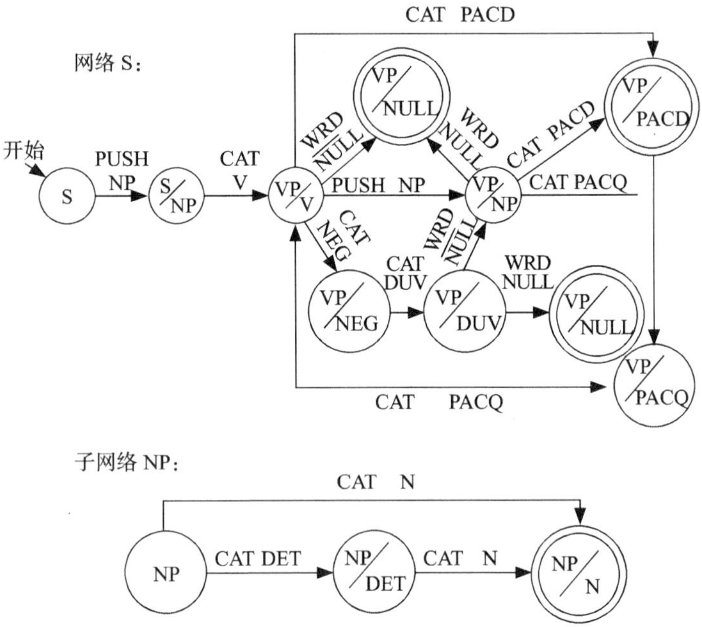

图 6.11 分析汉语输入句的网络图

的宾语;

PUSH 表示下推到次一级子网络中去分解;

CAT 表示检查词类范畴(Category);

PACD 表示陈述语气的助词(Particle Declaration);

PACQ 表示疑问语气的助词(Particle of Question);

NULL 表示“零”, WRD NULL 表示后面没有助词,句末的零标记也表示陈述;

NEG 表示否定词“不”或“没”;

DUV 表示动词重复出现(Duplicated Verb)。

由于汉语中陈述句和疑问句的词序相同,而且陈述句和是非疑问句是根据句末选择不同的助词来区别的,因此,把陈述句和疑问句都用同一个网络图来处理。

对于陈述句,在 NP+VP 之后再加 PACD 来表示,PACD 就是如“了”“的”之类表示陈述语气的助词,PACD 也可以为空。

对于疑问句,在 NP+VP 之后再加 PACQ 来表示, PACQ 就是如“吗”“吧”之类表示疑问语气的助词。

另外,汉语中还采用动词的肯定式和否定式相叠的方式来表示疑问,因此,疑问句的另一种形式是 NP+（V+NEG+DUV）+……,其中,DUV 表示前面动词 V 的重复。

在人机对话中,确定句子的语气类型特别重要。如果语气类型是陈述句,那么,计算机只是贮存信息;如果语气类型是疑问句,那么,计算机就要准备回答;如果语气类型是祈使句,那么,计算机就要执行命令。汉语的语气类型往往要在计算机接收到句末助词之后,或者至少要在句子中间收到 V+NEG+DUV 的形式之后,才能确定。这些就是作出上述网络图的句法结构方面的根据。

如果输入句子为“他喜欢这个小孩”,其分析过程如下:

① 从网络 S 的初始状态 S 开始,后面只有一条边 PUSH UP,于是下推到子网络 NP,在子网络 NP 中,从初始状态 NP 出

发,有两条路可走,本句的第一个词"他"不是限定词,与 CAT DET 的要求不合,改试 CAT N,查词典"他"是名词,符合 CAT N 这条边的条件,故从 CAT N 这条边进入子网络 NP 的最后状态 NP/N,说明子网络 NP 试通,控制跳出子网络 NP,上托回到网络 S,将 NP 的值"他"记入主语寄存器(SUBJ:他),进入第二个状态 S/NP,扫描下一个词;S/NP 之后只有一条边 CAT V,查词典"喜欢"为动词,符合条件,继续前进转入状态 VP/V,同时将 V 的值"喜欢"记入动词寄存器,此时,寄存器中已有的内容是:

SUBJ:他

V:喜欢

② 从状态 VP/V 继续往下扫描,此时有五条路可走:CAT PACD, WRD NULL, CAT NEG, CAT PACQ 以及 PUSH NP,其中,只有 PUSH NP 这个边符合条件,于是,再下推到子网络 NP;在子网络 NP 中,"这个"符合 CAT DET 的条件,进入 NP/DET,下一个词"小孩"符合 CAT N 的条件,名词词组"这个小孩"处理完毕,带回这个名词词组的值(NP(DET 这个)(N 小孩)),此时,寄存器的内容如下:

SUBJ:他

VP:(VP(V 喜欢)(NP(DET 这个)(N 小孩))

③ 再从状态 VP/NP 往下扫描,句中后面不再出现词汇,符合 WRD NULL 的条件,在寄存器中记录句型符号 TYPE DCL,表示这个句子的句型是陈述句,进入状态 VP/NULL,由于 VP/NULL 是最后状态,故本句子被网络接受。分别将寄存器中 SUBJ, VP, TYPE 的值取出,得到全句的结构式

(S(NP 他)(VP(V 喜 欢)(NP(DET 这 个)(N 小 孩)))

DCL)。至此,句法分析结束。

根据这个结构式,可造出句子的树形图,如图 6.12 所示:

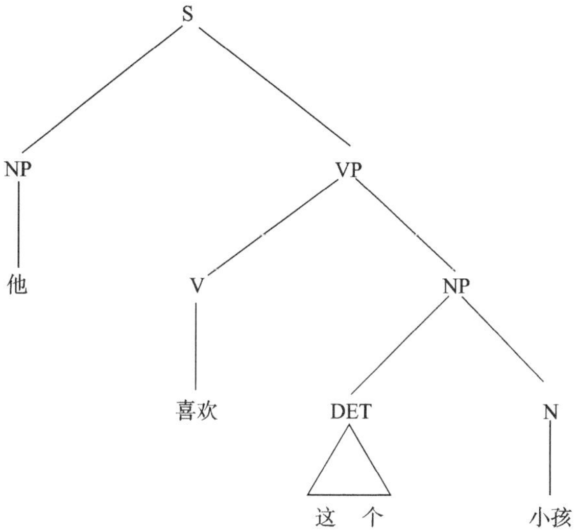

图 6.12 根据结构式造出的树形图

图 6.12 中,三角形表示“这个”是个词组,本来可以再分,不过,为简便起见,没有再细分为指示词和量词。

如果名词“小孩”之后还有助词“的”,则从 VP/NP 这个状态还可通过 CAT PACD 进入另一个最后状态 VP/PACD,建立的句型相同,仍然是陈述句。

如果名词“小孩”之后还有助词“吗”,则从 VP/NP 这个状态还可通过 CAT PACQ 进入另一个最后状态 VP/PACQ,记录语气标记 Q,成为疑问句。

如果输入句子为“他喜欢不喜欢这个小孩”,则通过 CAT

NEG 从状态 VP/V 进入状态 VP/NEG，再通过 CAT DUV，进入状态 VP/DUV，记录语气标记 Q，成为另一种形式的疑问句。

不过，两种形式的疑问句最后得出的结构式都是：

（S（NP　他）（VP（V　喜欢）（NP（DET　这个）（N　小孩）））Q）

这说明，语义成分相同，输入两种不同的表层结构(一种用“吗”提问，另一种用“V 不(没)V”提问)，传输的语义信息是相同的，它们都是是非疑问句，计算机据此作出相同的理解，给以相同的回答。

在用扩充转移网络进行句法分析之后，还要进行语义解释和知识检索。语义解释根据语义规则、推理和学习规则进行，知识检索则借助于一个知识库来进行。如果句法分析的结果是正确的，则就可以进行语义解释，并查询知识库，对知识内容进行检索，求得答案，组织回答输出。遇有不符合现存词汇、句法规则和语义规则的语句，则作为非法输入不予接受。整个系统的组织框图如图 6.13 所示。

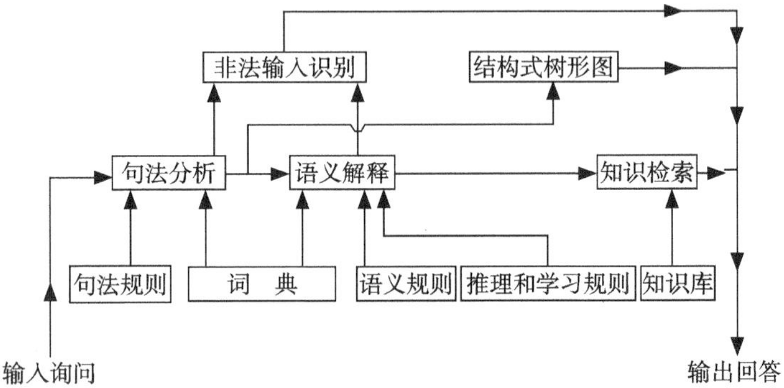

图 6.13　RJD-80 系统组织框图

“RJD–80 型汉语人机对话系统”的对话主题是关于文学作品的普通常识，贮存词汇 250 余条，句型 30 余个，它能够查询 34 个作家和他们创作的 139 种作品的有关问题。

下面是 RJD–80 系统人机对话片断举例。

人:《茶馆》的作者是老舍吗？

机:是的。

人:《家》的作者是巴金吗？

机:小说的作者是巴金，剧本的作者是曹禺。

人:巴金有没有剧本？

机:没有。

人:《日出》的作者是不是巴金？

机:不是，是曹禺。

人:乔姆斯基有哪些著作？

机:主要著作有:《句法结构》(1957)，《句法的转换研究法》(1962)，《句法理论若干问题》(1965)，《生成语法理论论文集》(1966)，《底层结构，表层结构和语义解释》(1970)，《语义问题》(1975)，《关于语言的一些想法》(1976)。

人:乔姆斯基有小说没有？

机:对不起，我不知道。

人:《北京人》是小说吗？

机:不是，是剧本。

人:《骆驼祥子》是小说吗？

机:老舍的《骆驼祥子》是小说，梅阡的《骆驼祥子》是剧本。

中国社会科学院语言研究所还在 1984 年研制了“TK–84 型汉语人机对话系统”，其对话主题是关于火车站的客运情况，其外部操作过程与 RJD–80 型系统相似。由人提问，由计算机回答。

下面是 TK–84 型系统人机对话的两个片断。

（1）机：您有问题吗？

人：有。

机：请您提问。

人：从北京到大连有特快吗？

机：有（22 次，33 次）。

（2）机：您有问题吗？

人：有。

机：请您提问。

人：北京有特快到大连吗？

机：有（22 次，33 次）。

关于这一问题，有从简到繁的各种问法，但不论用何种方式提问，都可以得出相同的语义分析结果，由计算机检索知识库作出回答。

在 RJD–80 型和 TK–84 型人机对话系统研制的实践中，我国学者对于与中文信息处理有关的汉语句法问题进行了初步的探索，从计算机自动分析语言的角度提出了一些新看法。

（1）"没有"这个副词用在主谓肯定式句末，已经虚化为表示疑问语气的助词，它的语法功能相当于助词"吗"，但只用于已然，询问是否已经发生。"不"这个副词用在主谓肯定式句末，也具有同样的语法功能，但只用于未然，询问是否将要发生。因此，在设计扩充转移网络时，把这种用法的"没有"和"不"都处理为疑问助词更为方便，这样，就可以把用在主谓肯定式句末的“吗、不、没有”统一处理为疑问助词。“吗”可以问未然：“你看这个电影吗”；也可以问已然：“你看过这个电影吗”。“不”只问未然：“你看这个电影不”；“没有”只问已然：“你看过这个电影没有”。“吗”还可以用在否定式的句末：“你不看这个电影吗”，“你没看过这个电影吗”。“不、没有”不能这样用。

（2）“和……都”这样的格式，既可以表示逻辑合取，又可以表示逻辑析取。

设输入句子为“22次特快和33次特快都到大连吗”，这里的“和……都”是逻辑合取，全句的深层结构为：

（S（22次特快到大连）∧（33次特快到大连）Q）式中符号∧表示合取。查询知识库后，必须两个分句的命题都为真，才能作肯定的回答，只要其中的一个命题为假，就要作否定的回答。

设输入句子为“早车票和晚车票都可以”，这里的“和……都”是逻辑析取。全句的深层结构为：

（S（早车票可以）∨（晚车票可以）DCL）

式中符号∨表示析取。只要其中一个命题为真，整个命题就为真。这句话表面上看来是陈述句，实际上是旅客回答计算机询问的祈使句。计算机了解了这句话的语义之后，或者输出一张早车票，或者输出一张晚车票，都可以满足旅客的要求。

要处理好上述两种句型，要对“和……都”这样的格式在什么情况下表示合取，在什么情况下表示析取，作出详细的、有形的说明。

（3）“还是”可以作为选择疑问句的连词，它除了表示两个分句的命题作为逻辑析取之外，还同时表示疑问，也就是说，

“还是”是一个具有双重功能的词，既是选择连词，又是疑问标记，一方面建立表示析取的两个分句，同时又在语气类型寄存器中记入Q。例如，设输入句子为“里约热内卢在太平洋沿岸还是在大西洋沿岸”，其深层结构应为：

（S（里约热内卢在太平洋沿岸）V（里约热内卢在大西洋沿岸）Q）

不过，“还是”尚有其他用法。“无论是冬天还是夏天，他都坚持长跑”“我不去青岛了，还是去北戴河”等句子，却不表示疑问。因此，也要详细描写“还是”作为疑问标记的环境、条件，找出有形可辨的特征，才能据以设计扩充转移网络。

（4）NP_1+NP_2+VP这样的“主主谓”句式，要让计算机理解，必须确定NP_1、NP_2和VP之间的句法、语义关系。为此提出了如下三条句法—语义规则：

① 句中及物动作动词后如无直接宾语，则NP_1表受事。

如：这个电影我看过

这支钢笔我送小王

② 句中及物动作动词后如有直接宾语，则NP_1表工具。

如：这根绳儿我捆行李

③ 句中及物状态动词后如有宾语，则NP_1表范围。

如：这种做法我有意见

这三条句法—语义规则，还有待通过进一步的试验来检验。

中国科学院心理研究所的“机器理解汉语——实验Ⅰ”是根据奎尼安（M. R. Quillian）的语义网络理论并采用了一些句法分析方法而设计成的。这是一个关于动物常识的人机对话系统。在这个系统中,没有用很多的表示行为的动词,而只用了表示领有关系的“有”、表示等同或归类关系的“是”等动词以及一些以助动词“会”及介词“用”组成的动词词组。他们认为,汉语词序的基本形式是“主语+谓语+宾语”,而语言是表达概念与概念之间的关系的,谓语表达的是事物之间的关系,因而他们把汉语的基本词序归纳为“主词+关系词+宾词”,并据此来进行句法分析。

他们为了理解汉语的语义关系,借助于三个方面来进行汉语的格分析。

(1)借助于介词或其他词类。例如,借助于介词“把”判断受事,借助于介词“被”判断施事。

(2)借助于语义。例如,根据“吃”这个动词的施事只能是人或动物这一语义特点,判断“我早饭吃过了”这一句子中,“早饭”不是施事,只有“我”才是施事。

(3)借助于上下文。例如,根据上下文找出代词的照应关系,从而确定代词的所指。

系统中还有归纳推理和演绎推理的规则,以供计算机进行推理。

下面是“机器理解汉语——实验I”人机对话的片断。

人:马、狗和蝙蝠都是什么动物?

机:它们都是哺乳动物,都是兽。

人:什么是兽?

机:凡有四条腿,会生崽儿的动物都是兽。

人:鲸鱼有鳍,会游水,它是什么动物?

机:鲸鱼也是兽。

人：鲸鱼没有四条腿，为什么是兽呢？

机：鲸鱼的后肢完全退化了，前肢演化成了鳍，它会生崽儿，所以它是兽。

人：乌龟会跑吗？

机：它不会跑。

人：乌龟不是有四条腿吗？为什么不会跑？

机：乌龟是有四条腿，可是它的腿是短的、笨拙的，所以它不会跑。

中国科学院心理研究所还研究了用计算机理解古汉语的问题，作了一些初步的探索。他们试验的素材是《郑人买履》，全文如下：

郑人有欲买履者，先自度其足而置之其坐。至之市而忘操之。已得履，乃曰："吾忘持度。"反归取之。及反，市罢。人曰："何不试之以足？"曰："宁信度，无自信也。"

他们能够让计算机理解古汉语中词语的性质和含意，并作出回答。

例如，"人曰何不试之以足"这段话的树形图如图 6.14 所示：

图 6.14 中，ADV 表示副词，PRO 表示代词，其他标记的含义同前。

计算机能够分析出其中每一个词的性质和含义，并通过人机对话的方式输出。例如，可进行如下的人机对话：

人："先自度其足"的"度"是什么意思？

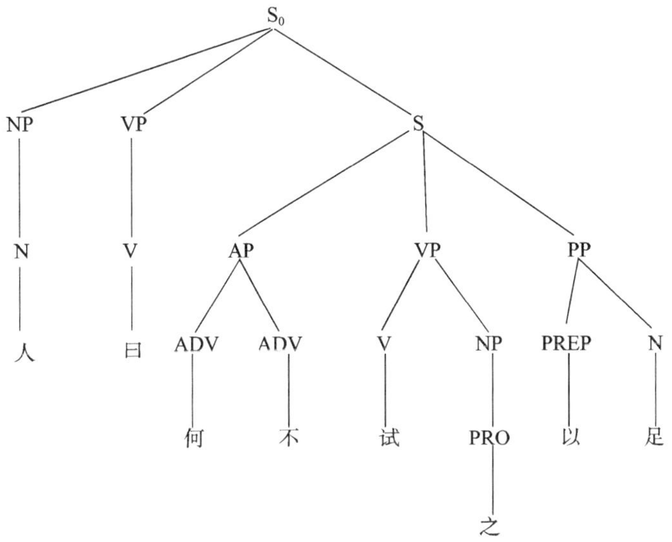

图 6.14　古汉语句子的树形图

机:“度”是动词,是测量尺寸的意思。

人:“吾忘持度”的“度”是什么意思?

机:“度”是名词,是尺寸的意思。

当然,由于古汉语的理解更多地依赖于语义关系和知识背景,是一件很困难的事,目前只是做了一些极为初步的工作。

东北大学计算机科学系的表格系统的中文自然语言接口,与上述人机对话系统的研究有很大不同。由于表格系统的数据库主要是用来描述和管理大量数据的,它的自然语言理解系统要根据数据库系统的特殊要求及特定范围内所涉及的事物来建立,它所涉及的语言只是自然语言的一个有限子集。表格系统的核心是中文表格数据库系统,因此,所要设计的表格系统的中文自然语言接口，也就是中文表格数据库系统中的一个中文自然语言接口。他们根据汉语自身的特点，以词义和语词之间的搭配关系为基础，从语义出发，提出了“句式”的概念；并根据表格系统对中文自然语言接口的具体要求，从实用角度，提出了语义理解的句式结构图、语义的分析算法及整个理解系统的设计与实现过程。该系统采用结构化设计的方法，所有的模块都用 COBOL 语言书写，可以很容易地移植到有关的表格系统中。这方面的研究，为自然语言理解研究的实用化提供了有益的经验。

目前，我国在汉语人机对话的研究方面还处于探索阶段，已设计的人机对话系统词汇量及句型都还比较少，要建成实用化的汉语人机对话系统，还有待我们再接再厉，继续探索。

人机对话研究的难点，主要在语言方面。前面我们说过，象“和……都”“还是”这样一些词，它们每一个都有不同的用法，还需要进一步作出详细的、有形的描述。从汉语的总体来看，需要进一步研究的问题还很多，大致说来，有如下几个方面：

（1）深入辨析词义，研究多义词的用法和条件：汉语缺乏形态，处理汉语不能依靠词形变化来识别词类，辨认词的性、数、格、时、体、态以及其他句法关系。汉语是靠虚词来表示各种语法关系的，因此必须辨析虚词的词义和用法。而汉语的常用虚词的用法十分复杂，同一个虚词往往可以表达不同的概念，而其中的许多规律，至今尚迷离扑朔，不知所以。汉语的实词也需要深入辨析，特别是常用动词，其意义和用法千差万别，莫衷一是，而其意义和用法的不同点，常常是理解语义的重要依据，因此，必须确切地描写虚词和实词的各种用法细则，说明其使用条件。应该组织人力编写一部汉语常用词用法详解词典,这样的词典不仅对于汉语人机对话的研究,而且对于机器翻译的研究,都是大有用处的。

(2)研究汉语句子中各个词组之间的语义关系,找出其辨别的根据:汉语的基本句式“主谓宾”结构与英语相似,都是NP+VP+NP,表层结构的分析并不困难。但是,表层的句法结构远远不能满足汉语理解的需要,词组与词组之间的句法关系和语义关系才是问题的核心。而汉语基本句式中的NP与VP之间的语义关系是错综复杂的,同样一个主谓结构的NP+VP,其中的主语NP在语义关系上可以是施事、受事、结果、处所、目的、方法、工具、关系物、伴随物等,同样一个述宾结构的VP+NP,其中的宾语NP可以是受事、结果、处所、施事、工具、类型、目的、起点、终点等,因此,不能仅仅根据句法结构就判定各个词组之间的语义关系,往往还要根据一定的背景知识才能作出较为准确的判断。

另外,汉语还有许多自己特有的常见句式,其中的语义关系更不易分析。例如$NP_1+NP_2+...+NP_n+VP$这样的结构中,各个NP的语义关系必须研究它们与其他句式之间的转换过程才能说清楚。又如$NP+VP_1+VP_2+...+VP_n$这样的结构,只有NP一个单项主语时各个VP之间的语义关系,可以从不同的角度来分析,似乎都言之成理,但目前还没有统一的准则。NP省略时,出现主语暗转的现象,这种主语省略和暗转的句子在汉语里十分普遍,要根据推理判断才能理解,而推理判断又必须根据生活常识、上下文语义以及整段言谈的主题才能确定。

(3)研究汉语的歧义问题,辨析汉语的多义结构:歧义是语言理解面临的一个严重问题。人依靠丰富的生活知识和对母语的熟练掌握,在语言交际中能够排除大量的歧义,误解的可能性很小。计算机不可能把一个人的全部知识贮存在机器中,而一个小型的人机对话系统所能容纳的词汇、句法、语义和背景知识更是极少数,遇到有歧义的句子时,误解或不解的可能性必然会大大增加。因此,需要分析歧义产生的各种原因,据以建立起某些规则,以便消除歧义。词汇部分的歧义就是一词多义,需要一部汉语常用词用法详解词典来解决。句法部分的歧义则需要依靠上下文和背景知识才能作出一定程度的解决。为了使上下文分析和背景知识的分析有足够的形式上的依据,首先要详细地描述汉语中各种多义结构,为此,还应当组织人力编写一部描写句法、语义规则的汉语基础语法,在这样的基础语法中,要以产生式理论为指导,详细说明各种结构形式的出现条件和语义用法的使用条件。

此外,在汉语人机对话中,还要研究对话主题、说话意图、语义焦点、已知信息和未知信息的关系、上句和下句之间的关系、代词的所指和照应等句法、语义和语用的问题。由此可见,要让计算机用汉语与人自由对话,绝不可能一蹴而就,目前仅仅迈出了第一步,需要进一步研究的问题还很多。至于汉语口语的人机对话,让计算机用汉语普通话与人自由地交谈,那比书面汉语的人机对话就更为困难,需要研究的问题就举不胜举了。

中文信息处理是包含了从汉字输入输出到人机对话许多个研究领域的一门综合性技术学科。这门学科的发展,为中文的信息化开辟了光辉的前景,也对汉语的语言学研究提出了许多新问题、新课题和新要求，促进了汉语研究的现代化。我们应当加倍努力，迎接中文信息化时代的到来。

本章参考文献

1. 范继淹、徐志敏《关于汉语理解的若干句法语义问题》，《中国语文》1981 年第 1 期，p.21—26。
2. 范继淹、徐志敏《应用“扩充转移网络”理论分解汉语》，《语言研究》1981 年第 1 期(创刊号)，p.20—34。
3. 徐志敏《国外人工智能研究概况》，《语言和计算机》1982 年，(1)，p.85—95。
4. 李家治、陈永明《机器理解汉语的一些探索和设想》，《中文信息处理国际研讨会论文集》1983 年，(2) p.138—143。
5. 姚天顺、周鹤人《表格系统的中文自然语言接口》，机器翻译及自然语言处理全国学术讨论会论文，1984 年。
6. 冯志伟《国外主要自然语言理解系统概况》，《计算机科学》1984 年第 2 期，p.25—32。